Oliver Bidlo

Rastlose Zeiten

Die *Beschleunigung* des Alltags

Der Autor

Oliver Bidlo, Dr., Jahrgang 1973, arbeitet als wissenschaftlicher Mitarbeiter im Fach Kommunikationswissenschaft an der Universität Duisburg-Essen; Lehraufträge im Bereich Soziologie, Kommunikationswissenschaft und Kriminologie an der Ruhr-Universität Bochum und der Universität Duisburg-Essen.

Oliver Bidlo

Rastlose Zeiten

Die Beschleunigung des Alltags

Oldib Verlag

Bibliografische Information der Deutschen Nationalbibliothek
Die Deutsche Nationalbibliothek verzeichnet diese
Publikation in der Deutschen Nationalbibliografie;
detaillierte bibliografische Daten sind im Internet
über http://dnb.ddb.de abrufbar.

Oldib Verlag
Lerchenstr. 37
45134 Essen
www.oldib-verlag.de
Umschlaggestaltung: Oliver Bidlo
Umschlagfoto Himmel: Ernst Rose
Umschlagfoto Autobahn: W. Brömme
Portraitfoto: Jessica Breitbach
Herstellung: BoD GmbH, Norderstedt

ISBN 978-3-939556-13-8

Inhalt

Vorwort

Was ist Zeit? Jeder, der Antwort auf diese Frage sucht, befindet sich in guter Gesellschaft. Nicht nur die großen Denker der Menschheitsgeschichte, sondern jeder nachdenkliche Mensch hat sich schon einmal mit diesem Thema auseinandergesetzt. So ist es nicht verwunderlich, dass die unterschiedlichsten und gegensätzlichsten Ansichten zum Begriff Zeit existieren. Was meinen wir, wenn wir von der Zeit sprechen? Gibt es verschiedene Zeiten oder existiert nur die eine, absolute Zeit? Welche Wissenschaft setzt sich mit dem Thema Zeit auseinander? Existiert überhaupt so etwas wie die Zeit oder ist sie nur eine Illusion, wie manche behaupten? Mit welchem Wahrnehmungsorgan nehmen wir die Zeit wahr? All diese Fragen verdichten sich in einem sich in der Gegenwart ausbreitenden Gefühl: dass sich die Zeit beschleunigt, dass sie – dem Verstande zum Trotz – schneller vergeht als noch vor 30, 50 oder 100 Jahren. Diese und andere Fragen versucht dieses Buch dem Leser näher zu bringen.

Die Zeit ist ein schwieriges und wandelbares Phänomen. Sie berührt die unterschiedlichsten Lebensbereiche der Menschen. Die Frage nach dem Tod, der Begrenztheit unseres Lebens ist sicherlich der häufigste Ausgangspunkt, um sich mit dem Phänomen Zeit auseinanderzusetzen. Eine unserer grundlegenden Erfahrungen im Alltag ist das Werden und Vergehen; wir spüren, wie wir der Zukunft entgegeneilen, und wie uns manchmal die Vergangenheit einholt. Die Zeit fließt von der Vergangenheit über die Gegenwart in die Zukunft, so jedenfalls war die Erfahrung der Menschen in den letzten Jahrhunderten. Sie hat für uns Menschen eine eindeutige Richtung. Die Unterscheidung bzw. Aufteilung der Zeit in Vergangenheit, Gegenwart und Zukunft und die Ausrichtung und Orientierung daran ist wesentlich für den modernen Menschen. Kein anderes Lebewesen hat einen so hochdifferenzierten und weitreichenden Zeithorizont.

Das Wissen um die Vergänglichkeit der Dinge, mündet in der Gewissheit des eigenen Todes. Tatsächlich zeugen viele Aktivitäten der Menschen von dem Wunsch, auch nach dem Tod nicht vergessen zu werden, Spuren zu hinterlassen, sich zu transzendieren: durch Kinder, Bücher, Kunstwerke, Musik oder Bauwerke. Der Mensch stellt sich die Frage nach dem Sinn des Lebens und nach dem Warum des Todes. Er bezahlt die Möglichkeit des Planens zukünftiger Handlungen mit dem Gefühl der tiefen Sehnsucht und

Ruhelosigkeit, dem Wissen um die Vergänglichkeit und des Todes. So wird er zu einem rast- und ruhelosen Wesen. „Durch die Entdeckung der menschlichen Zeit kranken wir dauernd an inneren Konflikten. Um die Spannung dieser Konflikte zu lösen, hat unsere Art Zivilisationen mit ihren Betäubungsmitteln geschaffen."[1] Diese Opiate sind beispielsweise die Kunst, Musik, Wissenschaft oder auch die Religion. Sie geben ihm Halt und Orientierung. Aber auch so alltägliche Dinge, wie zum Beispiel die Frage nach der Wahrnehmung von Kurz- und Langeweile, die Zeit als Orientierungsmittel und Einteilungsinstrument in der Gesellschaft oder die Frage nach der Verwendung gewonnener Zeit sind verschiedene Aspekte ein und desselben Themas. Und zugleich wenden sich ganz unterschiedliche Disziplinen diesem Thema zu mit ihren je eigenen Schwerpunktsetzungen.
Ein Punkt, der in Bezug zur Zeit und Zeiterfahrung im Verlauf der Moderne verstärkt aufgekommen und in den Blick genommen wurde, ist das Gefühl der Beschleunigung der Zeit; das Gefühl, dass alles immer schneller wird, sich alles in immer kürzer werdenden Zeiträumen verändert und man gezwungen ist, sich und seinen eigenen *Takt* diesem schneller werdenden Prozess anzupassen. Die Menschen beklagen die Hast und Eile des Alltags, produzieren sie aber täglich selbst. Sie gewinnen Zeit, um diese zugleich wieder (gewinnbringend) einzusetzen, entwickeln Strategien, um die sie mitunter übermannende Zeit in den Griff zu bekommen, managen die Zeit, *multitasken* und parallelisieren Arbeits- und Handlungsabläufe. Das Gefühl der Hast, des Gehetztseins und der Zeitknappheit ist nicht neu, doch lässt sich für die Gegenwart das Empfinden eines Beschleunigungsschub konstatieren, das soziale, technische und lebensweltliche Aspekte umschließt.
Das vorliegende Buch stellt nun – ausgehend von einer sozialwissenschaftlichen Perspektive – einige Aspekte vor, die die Empfindung für eine Beschleunigung der Zeit des modernen Menschen darlegen. Denn es gibt zwei wesentliche Aspekte, die für eine Annahme einer Beschleunigung des Zeitbewusstseins konstitutiv sind und hier als Vorgriff thesenartig benannt werden: Nur wenn man Zeit bzw. das Zeitbewusstsein des Menschen als ein sozial vermitteltes Zeitbewusstsein begreift und wenn man ein lineares Zeitbewusstsein konstatiert, kommt man dem Phänomen der Beschleunigung des Zeitbewusstseins näher. Aber ein solcher Blick wird nicht nur auf sozialwissenschaftliche Perspektiven von Zeit und Zeitbewusstsein eingehen müssen, sondern auch auf die Geschichte, einige naturwissenschaftliche Sichtweisen des Phänomens Zeit und auf die heutigen Medien als Taktgeber für die Gesellschaft. Denn mit der Ausbildung und Etablierung der Massenmedien hat

sich ein neues Zeitbewusstsein etabliert, das durch Gleichzeitigkeit kennzeichnet ist und sich durch die *Fluidität* von Situationen, Beziehungen und Verhältnissen ausdrückt.

I. Die Zeiten der Zeit

„Quid est tempus? Si nemo ex me quaerat, scio, si quaerenti explicare velim, nescio. – Was also ist die Zeit? Wenn mich niemand danach fragt, weiß ich es, wenn ich es aber einem, der mich fragt, erklären sollte, weiß ich es nicht."[2] Das Zitat des nordafrikanischen Kirchenlehrers Augustinus (354-430) ist wohl die bekannteste Antwort auf die Frage, was Zeit ist. Das Zeitproblem beschäftigt Philosophen und Wissenschaftler schon seit der Antike, ohne das man bis heute eine einheitliche, umfassende Theorie der Zeit gefunden hat. Man kann die Zeit weder sehen oder fühlen noch schmecken oder hören. Wir besitzen kein zeitspezifisches Sinnesorgan mit dem sich die Zeit wahrnehmen ließe, und dennoch besitzen wir Menschen so etwas wie eine Vorstellung, ein Bewusstsein von Zeit.

In den Sozialwissenschaften nun herrscht weitgehend darüber Einigkeit, dass Zeit eine der wenigen fundamentalen Strukturen ist, mit der wir unsere Wahrnehmungen der Welt ordnen. Sie dient als ein Organisationsprinzip, ein Interpretationsmuster für menschliches Handeln.[3] Zeit ist ein für den Menschen kommunizierbares soziales Symbol, welches der Orientierung dient und je nach Verwendung und Kontext unterschiedliche Bedeutungen haben kann. Zeit erhält hierdurch ein soziales Eigengewicht, indem sie normierend in das soziale Handeln eingreift und ordnungswirksam ist. Norbert Elias, der sich mit seiner Zeittheorie auf die historische Entstehung, Entwicklung und Veränderung der Zeit als Orientierungsmittel konzentriert, bemerkt in diesem Zusammenhang:

> „Was man heute als ‚Zeit' begreift und erlebt, ist eben dies: ein Orientierungsmittel. Als ein solches mußte der Zeitbegriff der Erfahrung in einem langen, generationsübergreifenden Lernprozeß entwickelt werden. [...] Mit anderen Worten: Die menschliche Erfahrung dessen, was heute ‚Zeit' genannt wird, hat sich in der Vergangenheit verändert und verändert sich in der Gegenwart weiter, [...] Auf lange Sicht aber wird man es lohnender finden, einer Betrachtungsweise zu folgen, die ‚Zeit' als begriffliches Symbol für eine allmählich fortschreitende Synthese, für ein ziemlich komplexes In-

> Beziehung-Setzen zwischen verschiedenartigen Geschehensabläufen erkennen läßt.“[4]

So wird deutlich, dass Zeit ein nicht in gleicher Form vorhandener Bewusstseinskomplex, sondern ein vorwiegend soziales Phänomen ist. Sie prägt unser Denken, unser Handeln, unsere Motivationen, setzt fortlaufende Ereignisse und Handlungen miteinander in Beziehung und ist daher in hohem Maße eine gesellschaftlich bedingte und gesellschaftlich wirksame, mit den Eigenheiten einer Gesellschaft verwobene Konzeption.

> „Soziales Handeln ist stets an Zeit und Zeitstrukturen gebunden: es wird durch vorangegangene Ereignisse bewirkt und hat als Voraussetzung die Vergegenwärtigung von Zukunft. Jede Interaktion setzt eine Synchronisation von Zeit und Zeitbewusstsein der Handlungspartner voraus.“[5]

In diesem Zusammenhang haben Jean Piagets Untersuchungen über den Aufbau der Wirklichkeit beim Kinde verdeutlicht wie wichtig das Verhältnis der subjektiven Zeit zur Weltzeit ist.[6] Piaget zeigt, dass sich Objekte, Kausalität, Raum und Zeit im Verlaufe der Entwicklung und in Auseinandersetzung mit der Umwelt erst allmählich konstituieren und nicht schon – wie bei Kant – apriori gegeben sind. Diese Entwicklung sichert schrittweise die Abgrenzung zwischen Umwelt und Subjekt. Ohne auf Einzelheiten dieser Entwicklungsstadien einzugehen, kann man feststellen, dass das Kind eine intellektuelle Phase durchläuft, in der es noch an der Oberfläche der Erscheinungen haftet und Phänomenen seiner Umwelt nicht ohne weiteres von seiner Aktivität abzulösen vermag. Wenn man beispielsweise einem 5-jährigen Kind zwei Spielzeugautos vorführt, die beide im gleichen Moment losfahren und anhalten, jedoch unterschiedlich weit kommen, behauptet das Kind, jenes Auto, welches weiter gefahren sei, habe mehr Zeit gebraucht. Es ist folglich nicht in der Lage, die beiden Objekte mit ihrer unterschiedlichen Geschwindigkeit einer für beide gültigen objektiven Zeit zuzuordnen. Erst mit dem 7.-9. Lebensjahr erwirbt das Kind den einheitlichen, für Objekte und andere Personen gültigen Begriff von Zeit und Raum, in der es selbst auch eingeordnet ist.[7]

Darüber hinaus weist das menschliche Gefühl von Zeit und Dauer Besonderheiten auf. Diese Besonderheiten des psychischen Zeitgefühls des Menschen bzw. das Gefühl von Dauer zeigen sich zum Beispiel daran, dass manche Menschen zu einem festen Zeitpunkt aus dem Schlaf aufwachen kurz bevor der Wecker sie aus dem Schlaf holt. Weiterhin sei in diesem Zusammenhang auf das psychische Zeitparadox hingewiesen, das auch als subjektives Zeitparadox bekannt ist. Zeitliche Abschnitte, die ereignislos und mit wenig Anregungen und Informationsvermittlung verlaufen oder Wartezeiten scheinen sich in ihrem Vollzug *schmerzvoll* auszudehnen, so dass Minuten zu gefühlten Stunden werden können. So dehnt sich scheinbar die Zeit im Wartezimmer eines Arztes für die Wartenden aus, die Zeit scheint nur ganz langsam zu vergehen. Im Rückblick aber, wenn man sich den Zeitraum des Wartens später vergegenwärtigen will, erscheint diese langweilige Zeit als kurz. Umgekehrt schrumpft die Zeit in Stunden hoher Aktivität, Erlebnissen oder spannenden Gesprächen zu ganz kurzen Augenblicken zusammen. In der späteren Erinnerung dehnt sich dieser Zeitraum dann zu einem langen Zeitraum aus. Beschaut man einfach eine Zeitspanne, die durch zwei Zeitpunkte markiert wird, z.B. eine Woche von Mittwoch zu Mittwoch, hat man das Gefühl, dass sie in der Rückschau schnell vergangen ist. Holt man sich in Erinnerung, was man alles in dieser Woche getan und erlebt hat, wird die Woche zu einem langen Erlebniszeitraum. Hier wird deutlich, dass zugleich die Art unser *Blick* auf die Zeit bzw. das Zeiterleben mit darüber entscheidet, ob wir die Zeit in diesem Zusammenhang als schnell oder langsam vergehend empfinden.

Aber auch im Verlauf des Lebens ist das Zeiterleben nicht immer gleich. Gerade in Bezug zum Zeiterleben im höheren Erwachsenenalter wird oft konstatiert, dass die Zeit mit fortschreitendem Alter schneller zu vergehen scheint. Dies bezieht sich weniger auf Minuten oder Stunden, als vielmehr auf größere Zeiteinheiten wie Tage, Monate oder Jahre. Es gibt unterschiedliche Erklärungen für diese Auffassung. Eine gedächtnispsychologische Erklärung sieht den Grund darin, dass mit fortlaufendem Alter die meisten Erlebnisse aus bereits vergangenen Erfahrungen abgeleitet und als bekannt verstanden werden können. Erlebnisse sind bereits von vertrauter Art, weil man ähnliche Erfahrungen bereits in der Vergangenheit gemacht hat oder sie daraus ableiten kann. So wird das Neue im Alter seltener, weil alles schon „irgendwie" dar gewesen ist. *Premieren* werden kaum noch erlebt, Überraschungen oder Neues und Interessantes finden fast nicht mehr statt. Diese Wahrnehmung bezieht sich allerdings besonders auf die Rückschau der vergangenen Zeit und weniger auf das aktuelle Zeiterleben.

Eine mögliche biologische Erklärung zielt auf die Verlangsamung der Körperfunktionen im Alter als Grund für dieses Empfinden. Die verlangsamten

Körperfunktionen führen mit dazu, dass das eigene Lebenstempo im Verhältnis zur Außenwelt langsamer werde und damit die Zeit als nicht mehr ausreichend empfunden wird.[8] Andere Erklärungen für die Beschleunigung des Zeitempfindens mit zunehmendem Alter sehen einen Zusammenhang mit der eigenen Gesamtlebenszeit des Menschen. In dieser Sicht wird vermutet, „daß unser Zeiterleben von der unbewußten Vorstellung der zu erwartenden Gesamtlänge des Lebens beeinflußt werde, und zwar parallel zu unserem unbewußten Glauben an die Unsterblichkeit. Ähnlich wie bei einer Sanduhr erscheine das Verrinnen der Zeit gegen Ende des Lebens schneller als zu Beginn, weil gegen Ende jedes abgelaufene Jahr die noch verbleibende Restlebenszeit prozentual höher reduziere als zu Beginn des Lebens."[9] Ältere Menschen haben eine kürzere Restlebenszeit, die dadurch an Bedeutsamkeit gewinnt und sich hierdurch wiederum zu beschleunigen scheint. Ein Jahr macht für ein achtjähriges Kind einen großen Teil des Lebens aus, während es für einen Sechzigjährigen nur noch einen Bruchteil seiner bereits gelebten Zeit ausmacht.

Wenn das Zeiterleben nun im höheren Erwachsenenalter zuvorderst von den jeweiligen Aktivitäten, Erlebnis von Neuem und den damit in Zusammenhang stehenden kognitiven Prozessen und Emotionen abhängen, wird deutlich, dass diese empfundene Beschleunigung nicht grundsätzlich für alle älteren Menschen konstatiert werden kann, sondern entsprechend von der jeweiligen Lebensgestaltung abhängig ist; zumindest, was das Erleben der Zeit in aktuellen Situationen angeht. Für die Betrachtung auf die eigene Vergangenheit mag jedoch die Einschätzung der Beschleunigung der Zeit als richtig gelten. Das wiederum nährt auch die Vermutung, dass ältere Menschen vermehrt in der Vergangenheit leben, weil diese im Gegensatz zur Zukunft immer größer wird, während die Zukunft einen immer kleineren Teil ausmacht. Daraus kann das Problem der Integration von Gegenwart und der Antizipation der Zukunft entstehen. Die Vergangenheit tritt uns in unserer Erinnerung nicht unstrukturiert entgegen, sondern ist in hohem Maße Sinn durchtränkt und zu einer Biographie strukturiert. „Da im Alter die bereits gelebte und nicht mehr veränderbare Zeit länger ist als die noch zu erwartende Lebenszeit, fällt eine Uminterpretation der Vergangenheit mit zunehmendem Alter schwerer, da sie die ganze Existenz bedroht."[10]

Die vorangegangene kurze Darstellung psychologischer oder biologischer Aspekte des Zeiterlebens, darf allerdings nicht darüber hinwegtäuschen, das die Vorstellung von Zeit, ihrer Wirkung und ihr Erleben in hohem Maße durch soziale und kulturelle Prozesse geprägt ist. „Daher ist der Mensch nicht nur Schöpfer seiner Vorstellung von Zeit, sondern zugleich auch ihr Opfer. Die Zeit existiert nicht nur als Hintergrund sozialer Prozesse, sondern Zeit ist selbst ein zentrales Element sozialer Realität, das auf gesellschaftlicher Ebene genutzt wird, um Ereignisse zuordnen und zu bewerten und um das soziale Leben und damit auch das der Individuen zu regulieren."[11]

Die tatsächliche Zeitstruktur einer Gesellschaft zwingt den Menschen zur Ausbildung eines subjektiven und intersubjektiven Zeitbewusstseins, wobei die reale Grundstruktur sozio-kulturell in ganz unterschiedlicher Weise zur Darstellung kommen kann. Umgekehrt ist soziale Zeit wiederum das Produkt sozialer Handlungen und unterliegt sozialen Normen und Institutionen. Menschen unterscheiden sich von der Natur in dem Punkt, dass sie ihre Perspektive mit anderen teilen, die Perspektive von anderen einnehmen können.[12] Jeder einzelne besitzt seine eigene Perspektive, sein eigenes Zeitsystem von Ereignisabläufen, wobei im Prozess der Rollenübernahme seine Zeitperspektive auch von einem anderen eingenommen werden kann. So verdeutlicht George Herbert Mead, dass Handlung und Zeit zwei eng verknüpfte soziale Phänomene sind. Handlung besitzt einen Zeitcharakter und entfaltet eine zeitliche Perspektive; durch Interaktion und Rollenübernahme verzahnen sich die Perspektiven miteinander und führen so zur Emergenz einer sozialen Zeit.

> „Jedes einzelne Individuum befindet sich vermittels seiner jeweiligen Handlungsakte relativ zu einer spezifischen Perspektive, nämlich einem Zeitsystem von Ereignisabläufen, welches es mit den in seinem jeweiligen Handeln kooperierenden anderen teilt. Nicht bereits als Lebewesen mit gleicher organischer Ausstattung und auch nicht allein durch die Zugehörigkeit zu einer sozialen Gruppe oder Gemeinschaft teilen die Individuen eine gemeinsame Welt, sondern erst relativ zu den wechselseitig aufeinander bezogenen Handlungen, die sie in einem gemeinsamen Zeitsystem, einer Perspektive der Natur, miteinander verbinden."[13]

Das subjektive Zeitbewusstsein stellt die Opposition zum sozialen Zeitbewusstsein dar. Das soziale Zeitbewusstsein erfasst bzw. beinhaltet die allgemein gesellschaftlich akzeptierte Vorstellung von Zeit und stellt demnach die Bewertung und Verwendung gesellschaftlicher Zeitstrukturen dar, es ist somit das gesellschaftliche Zeitbewusstsein, während das subjektive Zeitbewusstsein eine spezifisch individuelle Zeitkonzeption ist, in der auch Aspekte wie persönliches Zeitgefühl,[14] Zeitsinn oder Zeitverständnis eine wesentliche Rolle spielen, die wiederum durch die Biographie eines jeden Einzelnen beeinflusst werden. Das soziale und das subjektive Zeitbewusstsein lassen sich als wechselseitig konstituierend füreinander verstehen. Unser Zeitbewusstsein bildet sich folglich in enger Verbindung mit Entwicklungsprozessen in der Umwelt und kann nicht unabhängig von Kultur gesehen werden. Alfred Schütz und Thomas Luckmann verdeutlichen in ihrer Analyse der Lebenswelt, dass die Struktur der lebensweltlichen Zeit sich durch viele Formen der Zeit konstituiert:

> „Die Struktur der lebensweltlichen Zeit baut sich auf in Überschneidung der subjektiven Zeit des Bewußtseinsstroms, der inneren Dauer, mit der Rhythmik des Körpers wie der ‚biologischen Zeit' überhaupt, mit den Jahreszeiten wie der Welt-Zeit überhaupt und dem Kalender, der ‚sozialen Zeit'."[15]

Somit kann im Alltag die subjektive Zeit nicht ohne Tribut und Einfluss an die anderen Formen der Zeit gelebt werden. Hier deuten sich weitere wesentliche Aspekte an, die die Konstitution eines Zeitbewusstseins beeinflussen; es sind einerseits endogene menschliche Rhythmen wie beispielsweise der Schlaf-Wachrhythmus oder rhythmische Stoffwechselprozesse, und andererseits exogene Rhythmen wie der Tag- und Nachtrhythmus, Ebbe und Flut oder die Bewegung der Gestirne und der Wechsel der Jahreszeiten.

Für die Gegenwart lässt sich nun konstatieren, dass sich ein lineares Zeitbewusstsein in der abendländischen Geschichte gebildet und sich dieses beschleunigt hat und in der Gegenwart durch die Massenmedien eine weitere Dynamisierung erfährt. Aber wie kam es zur Konstitution eines linearen Zeitbewusstseins in der Gesellschaft, und warum war dies die Grundlage für eine Beschleunigung des Zeitbewusstseins? Wodurch erhielt das Abendland seinen bis heute wirksamen Beschleunigungsimpuls? Wo mündet diese Entwicklung in der Gegenwart und welche Folgen lassen sich aus diesem Prozess für die Gesellschaft erkennen lassen? Diesen Fragen gilt es zu folgen.

Ein besonderes Merkmal des Menschen der Neuzeit ist, dass er im Gegensatz zu seinen Vorfahren ein spezifisches Zeitbewusstsein entwickelt hat. So ist es uns heute zur individuellen und kulturellen Gewohnheit geworden, eine Uhr zu tragen. Wir planen unsere Zeit auch als Folge der auf uns einwirkenden gesellschaftlichen Strukturierungs- und Disziplinierungsvorgaben, z.B. anhand von Schul-, Arbeits- und Öffnungszeiten. Eine häufig anzutreffende Erfahrung und gängige Vorstellung in unserer westlichen, abendländischen Zivilisation ist die, dass sich das Zeitgefühl bzw. das Zeitbewusstsein der Menschen beschleunigt hat. Hierfür lassen sich vielfältige Indikatoren und Ursachen anführen. Paul Virilio gründet auf die zunehmende Beschleunigung und Geschwindigkeit sogar seine eigene Theorie des historischen Prozesses, der „Dromologie".[16]

Dass Bleibendes nicht mehr gefragt ist, als rückschrittlich, verstaubt und nicht mehr zeitgemäß gilt, ist eine alltägliche Erfahrung in dieser Zivilisation. Jenes gilt für materielle Dinge genauso wie für ethische Werte. Wir leben in einer Zeit zunehmender Beschleunigung, schneller, weiter, höher, mehr von allem, besonders von Neuem, Weltneuheiten und Innovationen; dies ist unser gängiges Lebensgefühl.[17] Die Zeit wird „dynamisiert", sie wird selbst zur beschleunigten Innovationsträgerin. Gerhard Schulze bemerkt in diesem Zusammenhang:

> „Alles geht ununterbrochen weiter; nach der totalen Linearisierung der Wirklichkeit beschleunigt sich die Dynamik von materieller und immaterieller Wirklichkeit ständig. Veränderungen der Produktsphäre provozieren Veränderungen von Alltagsleben, Wirtschaftsorganisationen und Naturwissenschaft, die ihrerseits mit immer kürzerer Verzögerung zu Veränderungen der Produktsphäre führen."[18]

So kommt es, dass völlig losgelöst von inhaltlichen Bestimmungen mehr Schnelligkeit, höhere Beschleunigung und gesteigerte Zeitgewinne in unserer Gesellschaft für fast alle Lebensbereiche gefordert und Zeitersparnis und Beschleunigung auch für die Lebensgestaltung des einzelnen Menschen propagiert werden. Damit wird die Organisation der Zeit zu einem individuellen Problem. Was anschließend dann mit der gewonnenen Zeit gemacht wird oder gemacht werden soll, steht nicht zur Debatte. Hier bleibt der Mensch der Pluralität der Postmoderne überlassen.[19] Diese Pluralität und der Einfluss der modernen Medien, so wird sich weiter unten zeigen, lassen ein neues Zeitempfinden aufkommen.

Aber die herrschende Zeiteinteilung ist ein Problem für die biologische Uhr des Menschen. Sie bedeutet eine rhythmische Entfremdung, eine „Entrhythmisierung" von eigenen, endogenen Rhythmen. Nacht- und Schichtarbeit sind in diesem Zusammenhang die hervorstechenden Beispiele.

Auf die Bedeutung des Rhythmus für den Einzelnen und die Gesellschaft hat bereits der Soziologe Georg Simmel hingewiesen:

> „Die Einteilung der Tätigkeitsreihen, im großen wie im kleinen, in rhythmisch wiederholte Perioden dient zunächst der Kraftersparnis. Durch den Wechsel innerhalb der einzelnen Periode werden die Tätigkeitsträger, physischer oder psychischer Art, abwechselnd geschont, während zugleich die Regelmäßigkeit des Turnus eine Gewöhnung an den ganzen Bewegungskomplex schafft, deren allmähliches Festerwerden jede Wiederholung erleichtert. Der Rhythmus genügt gleichzeitig den Grundbedürfnissen nach Mannigfaltigkeit und nach Gleichmäßigkeit, nach Abwechslung und nach Stabilität: indem jede Periode für sich aus differenten Elementen, Hebung und Senkung, quantitativen oder qualitativen Mannigfaltigkeiten besteht, die regelmäßige Wiederholung ihrer aber Beruhigung, Uniformität, Einheitlichkeit im Charakter der Reihe bewirkt."[20]

Nun impliziert eine Beschleunigung des sozialen Zeitbewusstseins und damit einhergehend eine Beschleunigung des Alltags eine gewisse Art von Zeitbewusstsein: nämlich ein lineares. Nur ein linear, an einer Linie oder Strecke ausgerichtet, verstandenes Zeitbewusstsein kann[21] der Logik nach eine Beschleunigung erfahren. Bei einem zyklischen Zeitbewusstsein ist dies ohne weiteres nicht möglich. So können zwar hier die beeinflussenden Rhythmen ein Tempo vorgeben, wie beispielsweise Tag- und Nachtwechsel, Jahreszeiten, Ebbe und Flut oder auch Biorhythmen, diese sind aber durch Menschen so gut wie überhaupt nicht zu beeinflussen. Das lineare Zeitverständnis hingegen geht davon aus, dass das Subjekt etwas mit der Zeit macht. Nicht das passive Erleben, sondern das aktive Tun oder Handeln ist die zentrale Perspektive. Dieses Tun basiert auf einer in diesem Zusammenhang fundamentalen Form des Handelns, der des Messens von Zeit. Der Zeitbegriff, mit dem wir leben, ist jener der Uhren und der technischen Abläufe, und dieser Zeitbegriff wiederum ist der der Physik. Deshalb wird das lineare Zeitmodell auch das physikalische genannt von dem sich das lineare Zeitbewusstsein ableiten lässt. Während der Mensch sich also bei einem zyklischen Zeitbewusstsein an Rhythmen orientiert, ist er bei einem linearen Mitgestalter.[22]

Heute wird in der westlichen Welt häufig so über Zeit gesprochen, als handle es sich vorwiegend um ein Unheil, das in den letzten Jahrhunderten über sie hereingebrochen sei; ein Produkt der modernen Zivilisation mit der technischen Perfektionierung der Zeitmessung, das von der kapitalistischen Wirtschaft den Menschen aufgenötigt werde, um sie so besser wirtschaftlich kontrollieren zu können. Nun müssen wir zugeben, dass die Menschen sich die Zeitvorstellungen, die sie nutzen oder unter denen sie leiden, weitgehend selbst geschaffen haben und zwar in einem Jahrtausende umfassenden, kontinuierlichen und sinnvollen Prozess. Somit lässt sich dieses Phänomen nicht nur auf die jüngere Geschichte einengen.[23]

Die moderne Zeitordnung ist nun sehr eng an die tief greifenden technischen, ökonomischen und sozialen Wandlungen vom Mittelalter zur Neuzeit gekoppelt. Wenn man just die besonders in den letzten fünf Jahrhunderten dynamische, sich noch immer beschleunigende Entwicklung Europas bzw. der westlichen Welt und die in diesem Zusammenhang stehende kulturkritische Diskussion der Gegenwart begreifen will, ist es notwendig, die wesentliche Rolle zu erkennen, die dabei das Verhältnis zum Phänomen Zeit spielt. Die europäische Sozial- und Wirtschaftsgeschichte kann kaum verstanden werden, ohne den Faktor „Zeitbewusstsein" als Gestaltungsprinzip zu explizieren. Das Zeitbewusstsein einer Epoche gründet nicht in sich selbst, sondern ist einerseits Ausdruck übernommener Tradition, andererseits auch der eigenen Lebenserfahrung, religiöser Erlebnisse, wissenschaftlicher Welterkundung und auch technischer Erkenntnisse und Neuerungen.

Da der Mensch kein Sinnesorgan für die Wahrnehmung der Zeit hat, konstruiert er als soziales Wesen aufgrund seiner kognitiven Fähigkeiten und biologischen Notwendigkeiten Zeit auf soziale Art. Kommunikation spielt hier eine zentrale Rolle, „Zeit ist mit Kommunikation elementar verbunden".[24] Zeit bzw. unser Bewusstsein von Zeit dient als fundamentales Organisationsprinzip und Deutungsmuster, als zentraler Hintergrund für unser Handeln. Die gesellschaftliche Vorstellung bzw. das gesellschaftliche Bewusstsein von Zeit haben hierdurch einen direkten Einfluss auf unser soziales Handeln, also auch auf kommunikatives Handeln als mit subjektiv gemeintem Sinn verknüpftes soziales Handeln; hier besonders auf der Ebene unserer Motivationen. Im Sinne einer tief liegenden Sedimentierung *determiniert* ein lineares Zeitbewusstsein in gewisser Hinsicht unseren Zugang zur Welt, unser Weltbild, indem monokausales Denken und zweckrationales bzw. ökonomisches Handeln auf alle Lebensbereiche angewandt werden und eine auf Veränderung und Fortschritt angelegte Erwartungshaltung entsteht. Das lineare Zeitverständnis zielt als soziales Ordnungsprinzip auf steten Wandel im individuellen und gesellschaftlichen Bereich. Deshalb wird es symbolisch als stetig steigender Pfeil ausgedrückt; so richtet sich das menschliche Handeln auf fortdauerndes Wachstum aus, auf eine offene Zukunft hin. Durch diese Gerichtetheit erhält die Zukunft der Vergangenheit und teilweise auch der Gegenwart gegenüber einen höheren Wert; sie wird eine Größe, welche von Individuen und von der Gesellschaft beeinflussbar ist. Dergestalt ist unsere unproblematische Alltagsvorstellung, dass wir diese Entwicklung und die Geschwindigkeit dieser Entwicklung – die seit dem 18. Jahrhundert Fortschritt genannt wird – bestimmen können. Zeit erscheint uns planbar und qualifizierbar.

Das zyklische Zeitbewusstsein bewirkt nun eine auf zeitliche Wiederholungen basierende Erwartungshaltung, die von Zukunfts- und Orientierungsunsicherheit entlastet ist. Zwar fallen Vergangenheit und Zukunft nicht zusammen, dennoch kann auf eine grundsätzliche Unterscheidung verzichtet werden, da das, was vergangen war, wiederkommt und das, was kommen wird schon einmal war. Hingegen zielt eine lineare Zeitordnung auf Veränderungen, auf Wandel im gesellschaftlichen und im individuellen Bereich. Hierdurch wird eine permanente Koordinierung in der Gesellschaft erforderlich, d.h. ein erhöhtes Maß an kommunikativer Abstimmung. Aus diesem Grund wird deutlich, dass zyklische und lineare Zeitordnungstypen zur Charakterisierung unterschiedlicher Komplexitätsstufen von Handlungszusammenhängen dienen; das Verhältnis dieser beiden lässt mithin Rückschlüsse auf den Entwicklungsstand und die innere Struktur einer Gesellschaft zu, wobei ein mehr zyklischer Anteil eine einfachere und ein mehr linearer Anteil eine komplexere Gesellschaft beschreibt.[25]

Gerade in den letzten hundert Jahren hat der Prozess der Beschleunigung durch die Entwicklung und das Fortschreiten der Massenmedien eine neue Qualität erreicht und mündet in der „Medienzeit“. Sie ist der letzte Stand dieser Entwicklung. Durch das Hinzukommen immer neuerer medialer Apparate wird das gesamte traditionelle System der Übermittlung kultureller Inhalte verändert. Diesen neuen medialen Apparaten ist ein gemeinsames Bestreben, zeitliche und räumliche Distanzen zu minimieren oder gar zu löschen; alles in Nah- oder Nächstverhältnisse zu überführen.[26]

Bevor allerdings die sich ausbildende Medienzeit genauer in den Blick genommen werden kann, muss zunächst einmal die Zeit im Kontext der Lebenswelt der Menschen in den Blick genommen werden, um ihre soziale Dimension zu verdeutlichen. Daran anschließend wird die Zeit als kulturelles Deutungsmuster nachgezeichnet. Dieses Deutungsmuster war für die abendländische Welt die lineare Zeit, die sich mit dem Aufkommen von Räderuhren im Mittelalter nach und nach ausbildete und auch heute noch die bestimmende Vorstellung von Zeit ist, auch wenn diese Vorstellung sich mit dem Aufkommen der neuen Medien in einem Umbruch befindet, der durch einen neuen Beschleunigungsschub gekennzeichnet ist, aber in seiner Folge darin nicht aufgeht. Durch die Massenmedien wie das Fernsehen oder das Internet löst sich die menschliche Sinnestätigkeit von raum-zeitlichen Bedingungen und mündet in einer telematisch-leiblosen Existenz, die herkömmliche Raum- und Zeitgrenzen überschreitet.[27]

II. Sozial vermitteltes Zeitbewusstsein und Lebenswelt

Die Alltagswelt ist eine soziale Welt, sie ist intersubjektiv und dient als Feld sich wiederholender sozialer Interaktionen mit unseren Mitmenschen. Damit ein gemeinsames Leben möglich ist, muss die innere, subjektive Zeit der Menschen aufeinander abgestimmt werden. Immer dort wo Menschen gesellschaftlich handeln, und dies ist ein wichtiger und großer Bereich des Alltagslebens, muss eine solche Abstimmung vollzogen werden. Zeit ist mithin im Alltagsleben notwendigerweise intersubjektiv, ist gemeinsame Zeit.[28] Die objektiv erfahrene Zeit, die als Zeitstruktur sozialer Handlungsfelder in Erscheinung tritt und die subjektiv erlebte Zeit bilden zwei grundsätzliche Aspekte, die in ihren Wechselwirkungen die zeitliche Dimension der Lebenswelt konstituieren. Die Abstimmung, welche zur zeitlichen Koordination von gesellschaftlichem Handeln nötig ist, wird normalerweise mit Hilfe vorgefertigter Kategorien geleistet. Diese Kategorien sind aber nur aus dem Blickwinkel eines bestimmten Individuums, das in eine bestimmte Gesellschaft und in eine bestimmte Zeit hineingeboren und sozialisiert wurde, vorgefasst. Die alltägliche Zeit wird dadurch zu einer historischen Zeitkategorie und zu einer historischen Weltanschauung, folglich weltbildprägend; sie ist ‚festgelegt' durch Einordnung des Individuums in eine bestimmte Zeit und eine bestimmte Gesellschaft. Diese Kategorien sind nicht selbst gemacht, sondern wurden und werden unaufhörlich neu gefertigt. Mit anderen Worten:

> „die Synchronisierung intersubjektiver Interaktionsverläufe geht (dialektisch gesehen) der Konstitution der Zeitkategorien, die (empirisch) in jeder konkreten Synchronisierung gesellschaftlichen Handelns eine Rolle spielen, voraus."[29]

Erfahren Individuen die Lösungen für die zeitliche Koordination als unproblematisch, werden diese im Laufe der Zeit gesellschaftlich objektiviert. Sie werden symbolisch repräsentiert, verfestigen sich zu sprachlichen Begriffen und zählbaren Maß- bzw. Messeinheiten. In unzähligen anonymisierenden und idealisierenden kommunikativen Akten erlangen sie den Status kultureller Objektivität. Sobald diese sozial objektivierten Zeitkategorien erst einmal in einem gesellschaftlichen Wissensvorrat verfügbar sind, werden sie gewohnheitsmäßig an andere Gesellschaftsmitglieder weitervermittelt. Sind diese Kategorien erst einmal internalisiert, werden sie als zeitliche Strukturen der subjektiven Erfahrung wirksam und steuern das Handeln des einzelnen Menschen entsprechend den Anforderungen typischen gesellschaftlichen Handelns. Die sozialen Zeitkategorien sind folglich in den Gedanken und Vorstellungen der Gesellschaftsmitglieder, die einen gemeinsamen gesellschaftlichen Wissensvorrat teilen, gegenwärtig, und sie wirken sich deswegen in den fortlaufenden und sich wiederholenden Verwendungsweisen, in den Erfahrungen und Handlungen, für die diese Elemente des Wissens wichtig sind, aus.[30]

Thomas Luckmann lokalisiert und unterscheidet nun zu den oben beschriebenen Zeitkategorien, die die Zeitdimension des gesellschaftlichen Handelns unmittelbar gliedern, einen weiteren Typus von Zeitkategorien und bezeichnet sie als „biographische Schemata".[31] Beide Arten von Zeitkategorien dienen dazu, Handlungsverläufe zu gliedern. Aber ihr wesentlicher Unterschied betrifft die Zeitspanne, auf die hin diese Gliederung vorgenommen wird. Biographische Schemata integrieren Handlungsverläufe, die schon zeitlich vorstrukturiert sind, innerhalb eines übergreifenden, sich nicht wiederholenden langen Verlaufs des gesamten Lebens eines einzelnen Menschen, während die oben angesprochenen zeitlichen Interaktionskategorien nur Handlungsverläufe innerhalb sich wiederholender, kurzer Strecken des täglichen Lebens integrieren. Die biographischen Schemata versehen den Sinn von Handlungen kurzer Spannweite mit übergreifender Bedeutung.[32] Gewisse Erfahrungen werden mit besonderer Bedeutung für das Leben des Einzelnen hervorgehoben und grenzen sie von der alltäglichen Routine ab. Eine weitere Funktion der biographischen Schemata ist, den individuellen Lebenslauf in Beziehung zu etwas zu setzen, das die eigene Lebenszeit des Individuums transzendiert. Solches kann eine soziale Einheit wie die Familie, Sippe, Klasse oder eine größere soziale Gesamtheit sein; aber auch eine individuelle transzendente Zeit, z.B. das Nirwana oder das ewige Leben.

Biographische Modelle bieten Muster für das ganze Leben oder für wichtige Abschnitte desselben. Diese Modelle werden als Elemente des gesellschaftlichen Wissensvorrates in der Sozialisation vermittelt. Sie weisen auf gehbare Pfade in der Welt, die sozial und geschichtlich geformt wurden und in die das Individuum hineingeboren wird. Diese Muster bestehen figurativ aus formelhaften Fassungen für verbindliche, selbstverständlich erachtete oder auch fragwürdige Varianten des Lebens bzw. der Lebensabschnitte. Sie enthalten weiterhin Anweisungen dafür wie einzelne Abschnitte zusammengefügt werden müssen, um ein ganzes Leben zu bilden. Die Inhalte und Formen dieser Muster, beispielsweise mündliche und schriftliche oder auch alltägliche und religiöse Gattungen, sind natürlich von Gesellschaft zu Gesellschaft und von Epoche zu Epoche unterschiedlich. Solche biographischen Schemata gibt es jedoch in allen Gesellschaften. Sie bilden die Grundlage für individuelle Lebenswege für das Deuten, Planen und Bewerten der täglichen, routinierten Handlungen, aber auch für wichtige Entscheidungen und kritische Übergänge. Sie sind folglich auf lebensumspannende Erfahrungen und Handlungen bezogen, dienen aber nicht konkret zur intersubjektiven Synchronisation wie die Handlungskategorien, sondern biographische Schemata verknüpfen das einzelne Leben mit längeren, natürlichen, sozialen und kosmischen Zeiten.[33]

In jeder Gesellschaft werden Ereignisfolgen und -abläufe durch zeitliche Periodisierung strukturiert, wie z.B. durch den Kalender. Sie werden durch zeitliche Zuordnung funktionalisiert, z.B. durch die Datierung, d.h. der Zuweisung eines Platzes im Zeitkontinuum besonders wichtiger Ereignisse (Festtage, Öffnungszeiten etc.). Weiterhin werden sie durch eine zeitliche Bewertung normiert. Diese zeitlichen Normen entstehen durch die Bewertung des Bedeutungsgehaltes von Zeit, z.B. durch die Festlegung der Polizeistunde oder der Nachtruhe.[34] Nun wird das sozial-kulturelle Ausmaß der Zeitorganisation besonders deutlich im Takt der Feste und Riten, die Emile Durkheim als Beispiel seiner soziologischen Analyse des Zeitphänomens gedient haben. Bei ihm wird Zeit schon als ordnendes Element kollektiven Handelns deutlich. Er setzt sich in seinem Werk „Die elementaren Formen des religiösen Lebens“ intensiv mit dem Phänomen Zeit auseinander mit der besonderen Betonung der sozialen Dimension von Zeit:

> „Sie [die Zeit] besteht nicht einfach aus einer teilweisen oder vollständigen Erinnerung unseres verflossenen Lebens. Sie ist ein abstrakter und unpersönlicher Rahmen, der nicht nur unsere individuelle Existenz umfaßt, sondern auch die der Menschheit: [...] Es ist nicht *meine Zeit*, die auf diese Weise organisiert ist; es ist die Zeit, wie sie von allen Menschen einer und derselben Zivilisation gedacht wird. Das allein genügt schon, um deutlich zu machen, dass eine derartige Organisation kollektiv sein muß.“[35]

Somit wendet sich Durkheim gegen die von Henri Bergson betonte individuelle Zeit. Es ist nicht „meine Zeit“, die mir die Orientierung und Einordnung aller Ereignisse ermöglicht, sondern eine sozial konstituierte Zeit. Und somit wendet sich Durkheim auch gegen die innere Zeit von Luckmann, der diese in Anlehnung an Alfred Schütz gebraucht, welcher wiederum das Konzept der inneren Zeit (dureé) bei Bergson entlehnt. Durkheim geht demnach nicht von den einzelnen Individuen aus, die ihm als Referenzpunkt seiner Überlegungen dienen könnten, sondern für ihn ist die Gesellschaft eine Synthese sui generis, die Erscheinungen auslöst, welche nicht auf das Bewusstsein eines Einzelnen zurückgeführt werden können. Die Gesellschaft als Ganzes ist mehr als die Summe der Individuen in dieser Gesellschaft. Er vertritt also die Annahme, dass Gesellschaften eine ganz und gar eigenständige Realität darstellen, jenseits der summarischen individuellen Eigenschaften, Beziehungen und Handlungen der Menschen. Dieser Umstand führt dann auch zur Objektivität und Eigenständigkeit der Gesellschaft in Bezug zu den Individuen.[36]
Auch Halbwachs, ein Bergson und Durkheimschüler, betont die Prozesse der Vermittlung und Überlagerung, die das individuelle Zeitbewusstsein an die kollektive Zeitdauer heftet. Er insistiert auf die Unhintergehbarkeit der kollektiven Zeitstrukturen für die Konstitution und das Verständnis der individuellen Zeit.[37] Zeit gewinnt so auch einen institutionellen Charakter. Institutionen regeln und orientieren Handlungen in der Zeit. Zeit wiederum ist selbst institutionell verfasst. Der institutionelle Charakter der Zeit lässt sich durch alltagsnahe Beobachtungen illustrieren: man findet sie im Kalender, Fristen, Feiertagen etc.; und der Blick auf die Uhr ist explizit ein Blick auf Zeit als Institution: Die *Universal Time Coordinated* (UTC) ist das Ergebnis von Messdaten, welche im Bureau International de l`Heure (Paris) zusammenlaufen und zu der Weltzeit synthetisiert und institutionalisiert werden, die allen Uhren die Zeit vorgibt. Die Bedeutung der institutionalisierten Zeit verdeutlicht Antje Gimmler:

> „Die Institutionalisierung von Zeit leistet Koordination und Integration in der Form der Synchronisierung der Individuen, indem sie Zeit als unhintergehbare Ordnungsstruktur der Relation von Ereignissen festschreibt und diese objektiviert. Der scheinbar gegenständliche Charakter, den ‚die Zeit‘ in alltäglichen wie in wissenschaftlichen Zusammenhängen erhält, ist Effekt dieser organisierenden Institutionalisierung.“[38]

Die Stabilisierungs- und Orientierungsfunktion von Institutionen lässt sich als Gegenwartsstabilisierung interpretieren. Hierdurch verliert die Zukunft tendenziell ihre Ungewissheit. Denn ihre Offenheit wird durch die Erwartungs- und Zukunftsorientierung von Institutionen gemildert. Darüber hinaus ist nun gerade die Alltagspraxis durch eine sozialkulturell bestimmte Zeitorganisation geprägt. Und gerade hier wird der Übergang von einer traditionalen zu einer rationalen Zeiteinteilung mit ihren grundlegenden Folgen deutlich. Ein simples Beispiel in diesem Zusammenhang ist die Ersetzung des Mittagessens durch den Schnell-Imbiss als Folge veränderter Zeitpläne.

Von der Agrargesellschaft noch als natürliches und undifferenziertes Phänomen wahrgenommen, wird die Zeit in der Industriegesellschaft zu einer Matrix auf der der Prozess der Differenzierung und Rationalisierung aufgebaut wird. Die individuelle Zeitorientierung ist das Ergebnis eines, wie oben schon erwähnt, sich phasenhaft vollziehenden Sozialisationsprozesses. In diesem Zusammenhang kann man u.a. die Dimension der Dauer, der Kontinuität, der Intensität und der Qualität von Zeit unterscheiden. Schon hinsichtlich der Dauer von Ereignissen ist der individuelle Erlebnishorizont sehr differenziert. Als ein besonderes Beispiel erzählerischer Darstellung des Erlebens verlangsamter und beschleunigter Zeit gilt Thomas Manns Zeitroman „Der Zauberberg". Besonders im Kapitel *Exkurs über den Zeitsinn* veranschaulicht er literarisch die Erfahrung von Dauer unterschiedlicher Situationen, aber auch der unterschiedlichen Zeiterfahrung der Jugend in Bezug zum Alter.

Die Tatsache, dass Menschen im Verlaufe des Sozialisationsprozesses verschiedene Vorstellungen und Erwartungen in Bezug zur zeitlichen Dauer von Vorgängen und Ereignissen entwickeln, hat eine wesentliche Bedeutung für eine im biographischen Kontext stehende Handlungsorientierung, beispielsweise durch Interessen, Wünsche oder Ziele.[39] Weiterhin wird durch Sozialisation die Qualität von Zeit vermittelt. Denn nicht durch das abstrakte Wahrnehmen von Zeit gerät sie in das individuelle Bewusstsein, sondern durch zeitliche Verbindungen von Abläufen und Geschehnissen. Diese haben nun eine bestimmte Qualität, d.h. sie werden sinnhaft interpretiert. Eine tiefgreifende Wirkung hat die Qualität des Zeitbewusstseins besonders dann, wenn sie mit Zielvorstellungen gekoppelt wird. Hier werden von der Zukunftserwartung eine Bewertung der gegenwärtigen Strukturen und Handlungen vollzogen. Auch Irmgard Vogt verweist auf den zentralen Stellenwert der Zeitperspektive für die Planung und Ordnung des Lebens auf psychischer wie auf sozialer Ebene. Sie sieht eine Dominanz der Zukunft als vorherrschende Zeitdimension in der Gegenwart:

> „Der Glaube an die Zukunft hat sich seither als Wahrnehmungsweise von Zeit durchgesetzt. Zeitperspektive erscheint vielfach als Zukunftsperspektive, wenn sie in dieser auch nicht vollständig aufgeht."[40]

Diese Koppelung von sinnhafter Interpretation zeitlicher Abläufe und einer Zielvorstellung bilden die Grundlage eines Zeitbewusstseins, das man als lineares Zeitbewusstsein charakterisieren könnte. Ein sozial-kulturell vermitteltes Zeitbewusstsein dient nicht nur der Interpretation von Ereignissen und Abläufen, sondern auch der Handlungsorientierung im Sinne der Verwendung des Zeitvorrats für Ziele und Zwecke. Es lassen sich hierbei einfache Grundformen unterscheiden. Während normalerweise nur zwei Zeitstrukturen unterschieden werden, das lineare und zyklische, führt Rammsted zusätzlich den Begriff des „okkasionalen Zeitbewusstseins" ein. Er versteht darunter, dass in manchen Gesellschaftsformationen ein Zeitbewusstsein dominiert, das Zeit als ein dauerhaft in der Gesellschaft etabliertes Bezugssystem noch nicht kennt, dennoch aber zu besonderen Anlässen eine zeitliche Absprache zwischen den Mitgliedern eines Gemeinwesens nötig ist. Fürstenberg unterscheidet weiterhin noch das stufenförmige und oszillierende Zeitbewusstsein. Unter dem stufenförmigen Zeitbewusstsein versteht er die schon in der Antike nachweisbare Lehre von den verschiedenen Weltaltern. Dem oszillierenden Modell liegt die marxistische Grundauffassung zugrunde, nach der jede Epoche durch soziale Revolutionen abgeschlossen bzw. eingeleitet wird.[41]

Interpretations- bzw. Deutungsmuster von Zeit konstituieren einen gesellschaftlichen Sinnzusammenhang nicht ausschließlich durch die Strukturierung von Abläufen, sondern sie bestimmen auch den Zukunftshorizont einer Gesellschaft. Dies tun sie entweder im Sinne einer Endzeiterwartung, einer ewigen Wiederkehr oder mit dem Glauben an eine offene Zukunft. Die Bildung eines gesellschaftlichen Verwertungsmuster von Zeit wie es sich in den modernen Industriestaaten darstellt, hängt gerade von der Möglichkeit des Zugriffs auf die Zukunft ab. Die Zukunft muss als Gestaltungsspielraum erfahrbar sein, wofür sich grundsätzlich ein offener Zukunftshorizont besonders gut als Voraussetzung eignet. Anhand der Änderung des Zukunftshorizonts zeigt sich, dass soziale Handlungsorientierung wesentlich

von den Interpretationsmustern zeitlicher Abläufe abhängt. Eine vorwiegend rationale Zeitverwertung in einer Gesellschaft setzt somit einerseits die Annahme einer Gestaltbarkeit der Zukunft voraus, und wird andererseits unterstützt durch eine Quantifizierung, Mathematisierung der Zeit; sie wird mess- und zählbar und dadurch schon als Linie oder Wegstrecke gedacht. Weiterhin wird Zeit zum „rationalistischen" Instrument, das weiteren Rationalisierungsmöglichkeiten in der Wirklichkeit den Weg ebnet. Diese Rationalität wird schließlich zu einer rein quantitativen Dimension, welche sich in der gesellschaftlichen Differenzierung realisiert. In dieser Hinsicht ist verständlich, warum die Wirtschaft als Ausdruck rationalen Kalküls richtungsweisend für die Rationalisierung des Kollektivlebens geworden ist und andere Kriterien für soziales Handeln, z.B. die Moral, Religion oder die Kunst, dahingehend ersetzt hat.
Die Endlichkeit des Lebens wird in Bezug zur Weltzeit transzendiert. Durch den weitgehenden Verlust von als gültig erfahrenen religiösen Deutungen, wird das Problem bzw. das Unbehagen in Bezug zur Endlichkeit des eigenen Lebens gelöst durch die Entwicklung alternativer Ethiken bzw. anderer Präferenzsysteme, wie z.B. die wirtschaftliche Planung. Carlo Mongardini sieht zwar einerseits in der Tendenz der Objektivierung der Zeit einen wichtigen Beitrag zur Befreiung des Menschen von Zwängen und Traditionen, andererseits jedoch erkennt er, dass die Zeit hierdurch zum Fetisch geworden ist:

> „Hier wurde die Tendenz zur institutionalisierten **Zeit als Fetisch** [Hervorhebung im Original] deutlich, die mit der wachsenden Komplexität und Differenzierung der Gesellschaft immer stärker wird. Die Tendenz, die Zeit als Fetisch zu betrachten, der den Einzelnen zwingt, sich ständig zu fragen: ‚Wie viel Uhr ist es?', ‚Was ist heute für ein Tag?', zeigt eindeutig, dass dieser Rationalisierungsprozeß das Gleichgewicht zwischen dem Individuellen und dem Sozialen gestört hat."[42]

Die vorangegangenen Betrachtungen der Zeit als Deutungsmuster und Ordnungsprinzip des individuellen und gesellschaftlichen Lebens waren bisher im Grunde auf keinen bestimmten historischen Kontext bezogen. Sie sollten größtenteils das Allgemeine fixieren und verdichten. Besonders interessant wird das Phänomen Zeit als Deutungsmuster und Orientierungsprinzip allerdings unter historischem Bezug, wo seine Wirkungsweise konkrete Dimensionen erhält. Zudem lassen sich durch eine kurze historische Betrachtung, jene Aspekte markieren, die zur Ausbildung eines linearen Zeitbewusstseins geführt haben. Und es wird deutlich, dass der soziale Wandel Einfluss auf das Zeitbewusstsein einer Gesellschaft nimmt.

III. Die historische Rekonstruktion des linearen Zeitbewusstseins

Die Geschichte der westlichen Philosophie ist zugleich eine Geschichte der Auseinandersetzung mit dem Phänomen Zeit. Das kosmologische Denken zur Zeit der alten Griechen war noch wesentlich am Zyklus orientiert, auch wenn Heraklit aus Ephesus (550-480 v. Chr.) in weiser Vorausschau bemerkte, dass niemand zweimal in den gleichen Fluss steige. Damit gilt er als Entdecker des Zeitpfeils und der irreversiblen Zeit. Für Platon (427-347 v. Chr.) steht in diesem Zusammenhang das Begriffspaar Zeit und Zeitlosigkeit an zentraler Stelle. Die Zeit entsteht bei ihm erst mit dem Kosmos und ist das unvollkommene Bild des Zeitlosen. Auch bei ihm finden sich deutliche Anklänge an eine zyklische Zeitvorstellung, wobei in seinem Zeitbegriff eine starke astronomische Orientierung deutlich wird. Aristoteles betonte ebenfalls (384 - 322 v. Chr.): „Auch die Zeit selbst scheint ja eine Art Kreis zu sein.“[43]

Und auch die Stoikerschule glaubte, der Kosmos würde immer und immer wieder neu entstehen. So stand im Hellenismus als Symbol für die Zeit der Kreis oder das Rad, und die Vorstellung von zyklischer Zeit war Grundvoraussetzung des Denkens. Noch Poincaré, einer der führenden Mathematiker zu Beginn des 20. Jahrhunderts, hat in mathematischer Form die Idee des ewigen Kreislaufs dargestellt, die sogenannte „Poincarésche Wiederkehr“. Für das biblische Judentum hingegen symbolisierte schon die aufsteigende Linie die Zeit. Die Entwicklung eines neuen Zeitbewusstseins, das neben den zyklischen Vorgängen in der Natur die Linearität der Geschichte und die Zukunftsvorstellung zu einem wesentlichen Lebenselement macht, ist eine spezifisch jüdische Leistung. Der jüdische Glaube geht davon aus, dass Gott mit seinem Handeln einen Plan verfolgt, in dem alle Begebenheiten einen Sinn haben und jedes Ereignis einzuordnen ist. An dieser Stelle wurde das Gefühl für die Geschichtlichkeit, der Einmaligkeit, Unwiederholbarkeit, Gerichtetheit und Linearität der Zeit geboren, das uns heute als so selbstverständlich erscheint.[44] Vom Christentum wurde diese Sichtweise übernommen und mit griechischen Vorstellungen verbunden und neu geformt. So wird deutlich, dass innerhalb der Geschichte des Christentums verschiedene

Zeitauffassungen miteinander ringen und es deshalb schwierig ist, „christliches Zeitbewusstsein“ ausnahmslos auf einen Aspekt zu reduzieren.
Gerade durch das Christentum entwickelte sich in der Welt ein neues, intensives und positives Verhältnis der Menschen zur Zukunft und zur Zeit überhaupt. Die Zeit als Linie zu denken, die in eine andere, bessere oder schlechtere Zukunft führt, beginnt spätestens dort, wo ein fixer Punkt, ein Jahr 0 gesetzt wird, von dem gezählt werden kann. Bei den Christen war dies der Tag Christi Geburt. Das Leben und der Tod Christi gelten als Rahmen eines jeden menschlichen Lebens. Das Leben wird einmalig und gerichtet, d.h. es lässt sich einrichten und sollte nach Christi Vorbild ausgerichtet werden. Die Zeit wird nur als eine Abweichung vom ewigen Sein im Sinne Platons verstanden und muss genutzt werden, um dieses schließlich wieder zu erreichen. Das irdische Verhalten muss sich für den anderen Zustand nach dem Leben qualifizieren; es wird zum Beweis, dass der Einzelne jenes versprochenen Überganges würdig ist, dass nun eine definierte Zukunft, ein kommendes Urteil vorausgesetzt wird, gibt dem Leben seinen besonderen Charakter. Gerade hier liegt das Potential des christlichen Zeitbewusstseins, das in zielstrebigen Schritten die abendländische Geschichte, ihre technischen, sozialen, und kulturellen Einrichtungen und deren Differenzierungen, wenn auch nicht allein, bestimmen wird. Im Ausklang der Antike entdeckte Augustinus, dass der Platonismus das kirchliche Christentum philosophisch akzeptabel macht. Er erkannte, dass die Platoniker nach Änderung weniger Sätze als Christen gelten konnten. Er legte weiterhin einen umfangreichen Beitrag zur Problematik der Zeit vor, in dem die subjektive Zeit erstmals ein absolutes Primat erhielt. Das Problem der nichtexistierenden Zeitmodi Vergangenheit und Zukunft löste er, indem er erkannte, dass nur die Gegenwart Realität besitze. Die Vergangenheit ist die Gegenwart von Vergangenem, Zukunft die Gegenwart von Zukünftigem. Die nichtexistenten Zeiten verstand er dergestalt als Quasi-Zeiten, da wir imstande sind, sie uns geistig zu vergegenwärtigen.[45]
Das christliche Zeitdenken hat in Europa die längste Tradition des Wirkens und hat deshalb unser Empfinden und Denken am ausdrücklichsten beeinflusst. Die Änderungen des Zeitbewusstseins vollzogen sich aber in einem langsam laufenden Prozess. Ein erstes deutliches Zeichen der Veränderung bzw. der Beginn eines neuen, anderen Zeitbewusstseins in der Gesellschaft findet sich im Mittelalter.

Vom Zyklus zur Linie – Vom Mittelalter zur Renaissance

Obwohl durch das jüdisch-christliche Denken ein zeitlicher Anfang und ein zeitliches Ende etabliert wurde und dieses einen linearen Zeitbegriff religiös begründete, wurde das Zeitverständnis der Individuen, Gemeinschaften und der gesamten Gesellschaft im Frühmittelalter doch maßgeblich durch die Natur und ihre immer wiederkehrenden Zyklen bestimmt. Auch das Kirchenjahr strukturierte die menschliche Zeit von den Stundengebeten über die täglichen Messen oder den Sonntagsfeiern bis hin zu den großen Kirchenfesten. So orientierte sich die kirchliche Zeit an einer sich jährlich wiederholenden Heilsgeschichte, und die Woche führte immer wieder durch den Schöpfungsmythos. So war die Zeit in den Heilsplan Gottes eingebaut, hier aber als irdische Zeit, als jene zwischen Schöpfung und Jüngstem Gericht definiert. Die Zeit war Teil der Schöpfung und war mit ihr zusammen erschaffen. Zeit (tempus) wurde in diesem Sinne strikt von der Ewigkeit (aeternitas oder aevum), die zeitlos ist, unterschieden.[46]

Der Großteil der Bevölkerung lebte im Mittelalter auf dem Land. Im frühen Mittelalter waren es wohl 90% der Menschen.[47] Die Agrarkultur war die typische Lebensform; Beschäftigungsfelder fanden sich deshalb vorzugsweise in der Landwirtschaft. Gerade diese Lebensform hatte ein besonders enges Verhältnis zur Natur und ihren Rhythmen. In der Feudalstruktur dieser ländlich-agrarisch geprägten Gesellschaft bestand keine Notwendigkeit, Zeit anders aufzuteilen als durch die Naturrhythmen. Der Umstand, dass die Zeit an den natürlichen Gegebenheiten gemessen wurde, hatte Auswirkungen auf das Bewusstsein der Menschen. Der Jahreszeitenrhythmus und der Wechsel von Tag und Nacht bestimmten das Wirtschafts- und Arbeitsleben, und das Wissen um die Veränderlichkeit und Ungleichmäßigkeit der natürlichen Zeit hatte Konsequenzen für das Tempo des Wirtschaftslebens und das Zeitbewusstsein der ländlichen Bevölkerung. Das zyklische Zeitverständnis stabilisierte aufgrund der konstanten Wiederkehr der erlebten Naturerfahrungen die Handlungen der Individuen und der sozialen Gemeinschaften. Zukunftsunsicherheit war so weitgehend unbekannt; Routine, Rituale und Regelmäßigkeiten versprachen Sicherheit. So lässt sich konstatieren, dass die kirchliche Zeit und die natürlichen Arbeits- und Ruheperioden die bestimmenden Aspekte der Zeitstrukturierung waren. Die Zeit war hier vorwiegend nicht die Summe von Tagen, Stunden, Minuten und Sekunden, sondern der Zusammenhang von Erfahrungen und Erlebnissen. Aber bereits der Mensch des Mittelalters nutzte die räumliche Dimension zur Veranschaulichung der Zeitdauer und umgekehrt: Ein „Morgen“ Land war jene Fläche, die man in der entsprechenden Zeit (1 Morgen = 1 Lichttag) pflügen konnte.[48]

In den Klöstern vollzog sich ein wichtiger Schritt für die Differenzierung des Tagesablaufs. Innerhalb der Klöster der weströmischen Kirche vor der Jahrtausendwende entstand eine Lebensweise, die sich durch eine bis dahin unbekannte Gleichmäßigkeit und Selbstdisziplin auszeichnete. Eine der ersten größeren klosterähnlichen christlichen Gemeinschaften war die des Einsiedlers Pachomius. Von ihm wird bereits eine Klosterregel überliefert, d.h. ein Zeitplan, nach dem Arbeit, Gebet, Essen, Fasten und Schlafen organisiert wurden. Die wichtigste Mönchsregel wurde, ein tätiges, fleißiges Leben zu führen, d.h. zu arbeiten. Das mönchische Leben wurde so systematisch nach einem Zeitschema gegliedert.[49] Der strenge zeitliche Rahmen des Klosterlebens war Ausdruck und Mittel äußerer Disziplin.[50] Bereits im 7. Jahrhundert n. Chr. verfügte der Papst, dass die Glocken der Klöster an einem Tag zu sieben vorbestimmten Zeitpunkten zu läuten seien. Hierdurch sollte eine Aufweichung der asketischen Selbstverpflichtung verhindert werden. So wurden Verspätungen bei Gottesdiensten und Mahlzeiten hart bestraft. Reguliert wurde der Tagesablauf mittels Wasser-, Sand-, Sonnen, oder Kerzenuhren und der Klosterglocke; dieserart konnte auch der Wert der Arbeit des Einzelnen gemessen und verglichen werden. Der Einzelne konnte somit seinen Wert in der gemeinsamen Arbeit beweisen. Folglich wurde aus der möglichen Erlösung ein Heilsplan. Und um diesen Heilsplan zu erfüllen, mussten seine Etappen genauer bestimmt werden; die Pünktlichkeit wurde hierdurch zur Tugend erhoben und stellte somit ein neues Ideal dar. Max Weber hat in diesem Zusammenhang den Mönch mit seiner christlich asketischen Lebensführung als den ersten rational lebenden Menschen bezeichnet, der methodisch und mit rationalen Mitteln ein Ziel, nämlich das Jenseits, anstrebt.

> „Die christliche Askese enthielt in sich zweifellos sowohl der äußeren Erscheinung wie dem Sinn nach höchst Verschiedenartiges. Im Okzident aber trug sie in ihren höchsten Erscheinungsformen bereits im Mittelalter durchaus und in manchen Erscheinungen schon

> in der Antike einen *rationalen Charakter*. [...] Sie [die Askese bzw. Selbstquälerei] war zu einer systematisch durchgebildeten Methode rationaler Lebensführung geworden, mit dem Ziel, den status naturae zu überwinden, den Menschen der Macht der irrationalen Triebe und der Abhängigkeit von Welt und Natur zu entziehen, der Suprematie des planvollen Wollens zu unterwerfen, seine Handlungen beständiger Selbstkontrolle und der Erwägung ihrer ethischen Tragweite zu unterstellen und so den Mönch – objektiv – zu einem Arbeiter im Dienste Gottes zu erziehen und dadurch wiederum – subjektiv – seines Seelenheils zu versichern."[51]

Hier entsteht eine neue Wertung; das gerichtete Handeln zwecks Erreichung eines Ziels steht nunmehr im Mittelpunkt und damit das Zeitmuster, das insbesondere in den letzten fünf Jahrhunderten die westliche Zivilisation maßgeblich beeinflusst hat. Die Kirche war diejenige Macht, die zuerst und mit allem Nachdruck für eine Messung der Zeit und der zeitlichen Ordnung eintrat. Das Leben der Mönche war eine Durchführung des Ordnungsprinzips „Zeit". Durch die Notwendigkeit der Strukturierung des klösterlichen Lebens und mit der Gebetsreglementierung des Alltags entstand das Bedürfnis der Mönche, die gegebene bzw. verordnete Zeitdisziplin einzuhalten und deshalb die Zeit zu bestimmen. Somit waren die Klöster Wegbereiter für die Entwicklung und Verbreitung der ersten Räderuhren. Da Klosterwasseruhren in den Kirchen und Schlafplätzen manchmal einfroren und andere Uhren wie Kerzen-, Öl- oder Sonnenuhren zu ungenau und empfindlich im Umgang waren, fanden die ersten Räderuhren nicht nur schnell Einzug in das klösterliche Leben, sondern wurden vermutlich dort erfunden und weiterentwickelt. Die Uhr war das Mittel der Zucht und der Anpassung an etwas Überindividuelles. Weiterhin förderte das Bestreben nach einer zeitlichen Ordnung und Pünktlichkeit die Tendenzen zur Zeitersparnis und rationaler Zeitnutzung. Rudolf Wendorff sieht in der Entwicklung der Räderuhren „mit Gewicht und Hemmung", die wahrscheinlich zwischen 1270 und 1300 stattgefunden hat,

> „einen besonders wichtigen Entscheidungspunkt in der Geschichte des abendländischen Zeitbewusstseins, dessen kultur- und geisteswissenschaftliche Bedeutung normalerweise unterschätzt wird. "[52]

Nach der Erfindung und allmählichen Verbesserung der Räderuhr sah man ab Mitte des 14. Jahrhunderts besonders in Italien Uhren auf öffentlichen Plätzen. Ähnlich dem Schneeballeffekt, beschleunigte urbanistische Prestigekonkurrenz in vielen Formen die Verbreitung der öffentlichen Uhr.[53] Zunächst wurden die Glocken der Kirchtürme mit großen Uhren kombiniert, später waren es dann auch profane Rathaus-, Schloss- und Stadttürme an denen sich große Turmuhren fanden. Diese Turmuhren zählten zunächst nur die Stunden, niemand rechnete nach Minuten. Mit dem Einzug der Uhr in die Städte bestand ihre ständige und stärkere Wirkung in der bald unerlässlichen Einteilung des bürgerlichen Alltags und der zeitlichen Koordinierung der unterschiedlichen Abläufe und Pflichten. So wurden die Pünktlichkeit und Disziplin in Amtsstuben, Verwaltungsgremien und öffentlichen Institutionen eingeübt. Die wirksame Ausbreitung dieser Eigenschaften folgte über die Erziehung; gerade das klösterliche Lehrsystem erzog und bildete Menschen, z.B. Schüler und Novizen, nach diesem an Pünktlichkeit orientierten Zeitbewusstsein aus. Die optische Ergänzung der Uhr wurde durch die Koppelung mit dem Glockenschlag wesentlich erhöht und steigerte die praktische Bedeutung in hohem Maße. An dieser Stelle wird ein weiteres Detail in der Entwicklung zu einem gesellschaftlich vertretenen linearen Zeitbewusstsein evident. Jacques LeGoff sieht, in Anlehnung an Gustav Bilfinger, in dem Wechsel von der Agrargesellschaft hin zur städtischen Gesellschaft, im Wachsen der Kommunen und im zunehmenden Einfluss der Städte in der spätmittelalterlichen Gesellschaft den grundlegenden Schritt für das moderne Zeitbewusstsein. Gustav Bilfinger verdeutlicht in seinem Buch über die Technikgeschichte, dass die Technikgeschichte allein nicht in der Lage ist, den Übergang von der mittelalterlichen zur modernen Zeit zu erklären:

> „Einmal ist neben dem technischen Gesichtspunkt ein sozialer, kulturgeschichtlicher Gesichtspunkt viel allgemeinerer Art ins Auge zu fassen. Denn der Übergang ist nicht nur der von der antiken zur modernen Stunde, sondern zugleich der von einer kirchlichen zu einer weltlichen Zeiteinteilung.“[54]

Der Tag stand als Einheit der Arbeitszeit im mittelalterlichen Abendland, den man in der Maßeinheit ein Tagwerk Land, d.h. Arbeit von Sonnenaufgang bis Sonnenuntergang, wiederfindet. Gerade die Erfindung und Verbreitung der mechanischen Uhr ist ein wichtiger Fortschritt in Richtung auf eine bestimmte Stunde, wie beispielsweise der Beginn der Arbeit. In der zweiten Hälfte des 14. Jahrhunderts vollzieht sich der Übergang zur modernen, gleichwertigen, mathematischen Stunde, die den 24. Teil eines Tages ausmacht. Diese neue Einteilung war praktischer, und ihr Nutzen setzte sich allmählich und mit Verzögerungen durch. Aber man sollte sich vor Übertreibungen hüten, da der zeitliche Rahmen noch lange vorwiegend durch natürliche Rhythmen, den Ackerbau und religiöse Gebräuche bestimmt wurde. So läuft die Zeit im Übergang vom Spätmittelalter zur Renaissance zwar schon gleichmäßig und unwiederholbar in eine Richtung, aber von einer homogenen Zeitordnung für alle kann sicherlich noch nicht die Rede sein. Für die Stadtbevölkerung und ihre Lebensform änderte sich allmählich das Zeitverständnis hin zum linearen Zeitverständnis, auch wenn die neue Uhr-Zeit vielfach ihren Dienst versagte und die Stadtuhr oft defekt war, während für die Bauern weiterhin die Naturzyklen die dominierende Orientierung ihres Lebensrhythmus waren. Obwohl die Menschen der Renaissance also über die abstrakte Zeit verfügen konnten, existierten noch beide Zeitformen, die rhythmische wie die abstrakte, lange nebeneinander. Dennoch waren mechanische Uhren noch keine hundert Jahre alt, da zählte die Uhr schon zusammen mit der Brille und den Turmwinduhren zu den Errungenschaften, die die selbstbewusste Abgrenzung der eigenen Epoche gegen die, in vielerlei Hinsicht, als überlegen empfundene Klassische Antike darstellten. Gerade die Uhr war für die Zeitgenossen – und dieses Wort wurde um 1400 noch selten benutzt – eine Neuerung. Besonders in der Renaissance wurde die Auflistung von Neuerungen zu einer Mode. Zusammen mit einer weiteren Trias (Kompass, Schießpulver und Druckerpresse) belegten die o.g. Erfindungen seit dem 15. Jahrhundert die Fortschritte des menschlichen Geistes.[55] In der Renaissance entstand nun ein neues Selbstbewusstsein der Menschen, das zur Weiterentwicklung des gerichteten und gegliederten Zeitverständnisses führte, aber auch die Voraussetzung für die Beschleunigung der Entwicklungen in Europa schuf und den aufkommenden Naturwissenschaften und der Wirtschaft den Weg ebneten. Es war die aufkommende Überzeugung in der Renaissance, dass die in der Vergangenheit erarbeiteten Ideen, Institutionen und Strukturen durch das Selbstbewusstsein der folgenden Generationen ständig in Frage zu stellen seien, dass Gegenwart mehr Recht habe als die Vergangenheit. Diese entschiedene Wendung zur Aufwertung der irdischen Welt war eine förderliche Voraussetzung für den Aufstieg der Naturwissenschaften.[56] Seit der ersten Hälfte des 14. Jahrhunderts gab es das Bestreben der Menschen, die von Gott gegebene Zeit durch Planung und Kontrolle sinnvoll auszunützen. Die Zeitvergeudung wurde allmählich zu einer schweren Sünde, zum geistig-moralischen Skandal. Auch das theologische Verbot, die Zeit durch Zinseinnahmen zu verkaufen, wurde aufgehoben, und nicht länger war Zeit nur ein Gottesgeschenk, sondern wurde zu einer knappen Ressource mit der kalkulatorisch umgegangen werden konnte. Unter Nachahmung und nach dem Vorbild des Kaufmanns, der zumindest in Italien „ein Buchhalter der Zeit" war, entwickelte sich nach und nach eine berechnende Moral und geizige Frömmigkeit.

> „Der Müßige, der seine Zeit verliert, der sie nicht bemißt, gleicht den Tieren und verdient es nicht, als Mensch angesehen zu werden, ja er steht sogar noch unter den Tieren. So wird ein Humanismus der wohl berechneten Zeit geboren."[57]

Von der theologischen Sinnsetzung zum Fortschrittsdenken – Vom 16. Jahrhundert ins 18. Jahrhundert

Einer der ersten, der die Bedeutung des Zeitfaktors in den Naturwissenschaften und der Wirtschaft erkannte, war Francis Bacon (1561-1626):

> „Zeit ist der Maßstab wirtschaftlicher Tätigkeit, so wie Geld das Maß für den wahren Wert, und Arbeit wird teuer bezahlt, wenn man sich nicht mehr eilt."[58]

Zu Beginn dieser „Neuzeit" entstand langsam der europäische Rationalismus und fand in dem System von Descartes (1596-1650) seinen deutlichsten philosophischen Ausdruck. Descartes Ziel war es, die Philosophie zu einer Art Universalmathematik zu machen, zu einer Wissenschaft, in der alles im Wege strenger Deduktion aus einfachsten Grundbegriffen gewonnen wird. Descartes vertrat einen Dualismus der Eigenschaften (Substanzdualismus), wonach jede Substanz entweder seelisch bzw. geistig (res cogitans) oder materiell (res extensa) ist und die beiden Arten von Substanz nicht aufeinander

reduziert werden können, weil sie entgegengesetzte Eigenschaften enthalten (unräumlich/räumlich usw.) Er trennte so Körper und Geist voneinander, die aber im Menschen miteinander verbunden waren. Descartes war der Meinung, dass wir ein Organ (die Zirbeldrüse) hätten, das eine Mittlerrolle zwischen diesen Bereichen einnimmt.[59] Nun hat Wissenschaft nicht allein die Kraft, Weltbilder, die in diesem Ausmaß sinnbestimmend wurden, zu setzen und zu fördern. Es war die protestantische Ethik, welche sich radikal gegen die „verwerfliche" Verschwendung der Zeit und die Bequemlichkeit richtete und jene Ideologie stellte, die fundamental war, um eine tiefgehende Internalisierung der neuen Zeitdisziplin zu bewirken. Sie machte aus der planvollen Gestaltung von Gegenwart und Zukunft eine ethische Pflicht. Der Geist der protestantischen Ethik, hier speziell der des Pietismus, entwickelte ein positives Werteverhältnis des Menschen zur Zukunft; ein Verhältnis, das durch eine vorwärts gerichtete, progressiv aufsteigende Linie gekennzeichnet war. Das alles beherrschende Fortschrittsdenken, das die späteren Epochen so sehr bestimmen sollte, bekam hier seine wichtigsten Wurzeln. Eindrucksvoll hat Max Weber die protestantische Ethik als Fundament des ökonomischen Rationalismus dargestellt.[60]
Für die Pietisten galt die Kombination von intensiver Frömmigkeit und stark entwickeltem geschäftlichen Erfolg. Die Grundlage dieser Ethik war der Erwerb von Geld und seine Anhäufung unter strengster Vermeidung alles unbefangenen Genießens. Der Gelderwerb war als reiner Selbstzweck gedacht, wobei er dennoch zur Mehrung von Gottes Ruhm diente, da die Gnadengewissheit sich so darstellte, dass Gott jenen hilft, die sich selber helfen.

> „Der Mensch ist auf das Erwerben als Zweck seines Lebens, nicht mehr das Erwerben auf den Menschen als Mittel zum Zweck der Befriedigung seiner materiellen Lebensbedürfnisse bezogen."[61]

So war gerade das Ausruhen auf dem eigenen Besitz, der Genuss des eigenen Reichtums mit der Konsequenz von Müßigkeit das sittlich wirklich verwerfliche, da es dem Streben nach einem heiligen Leben im Wege stand.

> „Nicht Muße und Genuß, sondern *nur Handeln* diente nach dem unzweideutig geoffenbarten Willen Gottes zur Mehrung seines Ruhms. Zeitvergeudung ist also die erste und prinzipiell schwerste aller Sünden. Die Zeitspanne des Lebens ist unendlich kurz und

> kostbar, um die eigene Berufung ‚festzumachen'. Zeitverlust durch Geselligkeit, ‚faules Gerede', selbst durch mehr als der Gesundheit nötigen Schlaf – 6 bis höchstens 8 Stunden – ist sittlich absolut verwerflich."[62]

Es lässt sich festhalten, dass die innerweltliche protestantische Askese mit großer Vehemenz gegen den unbefangenen Genuss des Besitzes wirkte und die Luxuskonsumtion vereitelte bzw. nicht zur Entfaltung kommen ließ. Im Gegensatz dazu entlastete sie im psychologischen Effekt den Gütererwerb von den Hemmungen der traditionalistischen Ethik des Gewinnstrebens, indem sie es nicht nur legalisierte, sondern direkt als gottgewollt ansah. Der Kampf gegen Luxus und Fleischeslust war kein Kampf gegen den rationalen Erwerb, sondern gegen die irrationale Verwendung des Besitzes. Die ungleiche Verteilung der Güter war ein ganz spezielles Werk von Gottes Vorsehung. Das, was Weber als Geist des Kapitalismus bezeichnet hat, war die religiöse Wertung der rastlosen, stetigen, systematischen, weltlichen Berufsarbeit als höchstes asketisches Mittel und zugleich sicherste und sichtbarste Bewährung des Menschen. Letztlich ist der moderne Kapitalismus bzw. die moderne Kultur, d.h. die rationale Lebensführung auf Grundlage der Berufsidee, geboren aus dem Geist der christlichen Askese.[63] Das Prinzip, Zeit als eine Ressource zu betrachten, d.h. die Zeitökonomie, geht weitgehend auf den Einfluss der protestantischen Ethik zurück. Das Aufkommen und Vordringen der Geldwirtschaft, repräsentiert durch das Handels- und Kaufmannskapital und die Einführung der Buchführung, führten zu einer zunehmenden Ersetzung des Arbeits- und Lebensrhythmus durch eine rationale, von konkreten Inhalten abstrahierte Gliederung des Jahres, der Woche und des Tages. Zum ersten mal in der Geschichte wurde die Zeit selbst zum Gegenstand der Ökonomie. Auch die arbeitende Person musste sich als Produktionsfaktor zunehmend zeitökonomischer Disposition unterwerfen. Verlorene und gewonnene Zeit wurden so zu einer Berechnungsgrundlage des individuellen und gesellschaftlichen Reichtums. Das abstrakte Zeiteinsparen, d.h. nicht die Einsparung von Zeit für einen konkreten Zweck, sondern die Zeitökonomie überhaupt setzte sich als Grundlage jedes ökonomisch-rationalen Handelns durch.[64] Allmählich prägte der homo oeconomicus zunehmend das städtische Leben. Geld wurde immer mehr zur gespeicherten Zeit und zum abstrakten Wertmesser; die ungreifbare, „flüssige" Zeit ließ sich in Geld erstarren, in berechenbare Zahlen umwandeln und zukunftsgerichtet einsetzen, z.B. bei einem Unfall, Krankheit oder einer schlechten Ernte. Die

Entstehung linearer Zeitstrukturen ist insofern auch Ausdruck wachsender ökonomischer und sozialer Organisiertheit von Gemeinwesen bzw. Gesellschaften. Mit der protestantischen Ethik als Wegbereiter entwickelte sich im 17. Jahrhundert ein völlig neues Zeitgefühl; und zwar das Gefühl, dass die Zeit schneller läuft, dass einem die Zeit davonläuft. Das Leben wurde immer mehr ein „matches against time", ein Ausdruck der im England des 17. Jahrhunderts entstand. Schon im frühen 17. Jahrhundert begann man im Sport bzw. bei Wettrennen, die Zeit mit Uhren zu messen und neben dem Vergleich persönlicher Leistungen, die absoluten Zeitwerte mit einer Gültigkeit über den einzelnen Wettkampf hinaus festzustellen. In der zweiten Hälfte des 17. Jahrhunderts sind schon Zeitwerte in Bruchteilen von Minuten überliefert. Der Geschwindigkeitsehrgeiz löste sich hierdurch langsam von der konkreten Beziehung zwischen den Beteiligten und wurde auf ein abstraktes Zeitsystem bezogen, in dem die Uhr als oberste Instanz galt.[65] Paul Virilio verheißt in diesem Zusammenhang: „Der Champion wird eines Tages in den Grenzen seines eigenen Rekordes verschwinden."[66]

Blaise Pascal (1623-1662) war einer der ersten, der die zunehmende Beschleunigung und den Verlust von Gegenwart beschrieb und sich mit einer Ahnung an das Phänomen Zukunft herantastete:

> „Niemals halten wir uns an die Gegenwart. Wir nehmen die Zukunft voraus, als wäre sie zu langsam und als müßten wir sie beeilen, oder wir rufen die Vergangenheit zurück, um sie an zu halten, als wäre sie zu eilig. Wir sind so unverständig, dass wir in den Zeiten herumschweifen, die nicht unser sind und da die einzige, die uns gehört, nicht denken, und wir sind so eitel, dass wir uns in die Zeiten vertiefen, die nicht mehr sind und die einzige, die ist, ohne Betrachtung entschlüpfen lassen. [...] Wir denken fast gar nicht an die Gegenwart und wenn wir an sie denken, geschieht es nur um von ihr Licht zu nehmen für die Anordnung der Zukunft. Die Gegenwart ist nie unser Ziel, die Vergangenheit und die Gegenwart sind unsre Mittel, die Zukunft allein ist unser Zweck. Also wir leben nie, aber wir hoffen zu leben und da wir uns immer einrichten glücklich zu sein, so ist es keinem Zweifel unterworfen, dass wir es nie sein werden, wenn wir nicht nach einer anderen Seligkeit trachten, als nach der, welche man in diesem Leben genießen kann."[67]

Anhand von Pascals Worten zeigt sich die Uneinigkeit der Europäer, die gleichzeitig die Ruhe und die Unruhe suchen, die in zeitloser Gegenwart Glück, Ruhe und Zufriedenheit finden könnten, aber dennoch immer wieder mit einer inneren Unruhe in das Nicht-Mehr der Vergangenheit oder noch stärker in das Noch-Nicht der Zukunft ausweichen. Aber im 17. Jahrhundert gab es auch einen ersten Widerstand gegen ein fortschreitendes Tempo, der Versuch, die lineare Zeit aufzuweichen. Das Rad wurde als Symbol der zeitlichen Harmonie in der Welt in den Vordergrund gestellt; es war der Versuch einer Flucht aus der linearen Welt der Geschichte in die zyklische Welt der Natur. Aber zu dominant war die zunehmende Beschleunigung aller Lebensprozesse, so dass Newton (1643-1727) im Übergang zum 18. Jahrhundert schließlich in seinem Werk *Philosophiae Naturalis Principia Mathematica*, erschienen im Jahr 1687, die mathematisch-naturwissenschaftliche Zeit definierte, die auch heute noch als analoges Bild von der Zeit in den Überzeugungen der Menschen der Gegenwart vorzufinden ist. In Newtons Werk kam die frühneuzeitliche Naturwissenschaft zu ihrem Höhepunkt und Abschluss und fand ferner ihre paradigmatische Formulierung des klassischen Zeitbegriffs der Naturwissenschaft:

> „Die absolute, wahre und mathematische Zeit verfließt an sich und vermöge ihrer Natur gleichförmig, und ohne Beziehung auf irgendeinen äußeren Gegenstand."[68]

Newton stellte dergestalt die verfließende Zeit dar, ähnlich wie zweitausend Jahre vor ihm Heraklit aus Ephesus (550-480 v. Chr.). Hierdurch wurde die Zeit zu einer universellen Ordnung, die unabhängig davon war, was in ihr passiert, und nur durch sich selbst und in sich selbst existierte. Nach Newton laufen also alle Erscheinungen unserer Welt in der absoluten Zeit und im absolutem Raum ab. Jenes wird auch das Postulat der absoluten Zeit genannt. Auch heute ist die Vorstellung, dass die Zeit fließt, die allgemeine Vorstellung in der Gesellschaft. Die Ableitung des Zeitbegriffs aus dynamischen Vorgängen hatte aber zuerst Galileo Galilei (1564-1642) vorgenommen. Er stellte die Bewegung als Funktion der Zeit als einer äußeren, universellen Größe dar.[69] Nach Newtons Definition der absoluten und wahren Zeit kamen die Naturforscher zu der Überzeugung, dass unter Berücksichtigung der Kenntnis der Anfangs- und der Randbedingungen eines Systems, in diesem Fall der Welt oder des Kosmos, jedes Geschehen vollständig bestimmbar sei. Nur lässt sich aus den Gleichungen und Rechnungen nicht ablesen, was Vergangenheit und was Zukunft sein wird. Ein Vorwärts oder ein Rückwärts sind hier nicht zu unterscheiden.

Der französische Mathematiker Pierre Simon de Laplace stellte im 18. Jahrhundert im Anschluss an Newton die Theorie auf, dass ein allwissendes Wesen (später auch das Laplace´sche Ungeheuer genannt) mit unbegrenztem Gedächtnis und unbegrenzten mathematischen Fähigkeiten, das den genauen Zustand aller Teilchen im Universum in einem Augenblick sowie die Naturgesetze kennt, daraus den genauen Zustand aller Dinge und Ereignisse in der Zukunft und der Vergangenheit vorhersagen könnte. In diesem Fall wird die Zeit eigentlich überflüssig, denn die Zukunft ist bereits vollständig in der Gegenwart enthalten. Der belgische Physiker und Chemiker Ilya Prigogine bemerkte hierzu, dass Gott als Uhrmacher zu einem bloßen Archivar geschrumpft sei, der die Seiten eines kosmischen Geschichtsbuch umblättere, das schon geschrieben sei. Dieser totale physikalische Determinismus wurde spätestens durch die Quantentheorie von Planck und Heisenberg widerlegt.[70]

Aber schon zu Newtons Zeit gab es einige kritische Zeitgenossen, insbesondere Leibniz (1646-1716),[71] der eine absolute Zeit kritisierte, da, nach Leibniz, Newton damit ein metaphysisches Ungeheuer geschaffen habe, das durch seinen Absolutheitscharakter mit Gott in Konkurrenz trete.

Leibniz selbst verstand die Zeit als die Ordnung des Sukzessiven, während ja Newton sie als etwas den Dingen zugrunde liegendes verstand, in das sich die Dinge fügen. Aber gerade diese absolute Zeit, die unabänderlich von allen Objekten wäre, gab es nach Leibniz nicht. Seine Kritik blieb jedoch wirkungslos, hat aber im 20. Jahrhundert im Zusammenhang mit der Relativitätstheorie wiederum Interesse gefunden.[72] Newtons Mechanikgesetze, in deren Zusammenhang seine Zeitdefinition stand, erwiesen sich als derart erfolgreich, dass viele meinten sie wären auf alle physikalischen Prozesse im Universum anwendbar. Hieraus entstand das Bild vom Kosmos als einem riesigen Uhrwerk, dessen Mechanismus in allen Details berechenbar sei. Auf dieser Art und Weise entstand immer mehr das Bild von Gott als Uhrmacher und der Welt als Uhr, die, von Gott konstruiert und einmal aufgezogen, dann unabänderlich kausal-deterministisch bis zu ihrem Ende und ohne ihren Konstrukteur weiterläuft. Aber nicht nur das Verhältnis zwischen Gott und der Schöpfung wurde als das zwischen Uhr und Uhrmacher verglichen, sondern auch den Staat, den Körper oder den Kosmos verstand man als analog zu diesem Bild. Die Uhr verkörperte somit das, was die Wirklichkeit nicht enthielt; sie war die Demonstration einer unabänderlich funktionierenden rationalen Ordnung. Die mechanische Uhr repräsentierte den höchsten Stand der Technik ihrer Zeit, und ihre Faszination war in der weltbildprägenden Kraft, welche die Uhr für die Gelehrten und Philosophen des 17. und 18. Jahrhunderts gewann, deutlich erkennbar. Die beliebtesten Vergleichspunkte waren das geregelte Verhältnis der einzelnen Teile untereinander und die Zweckmäßigkeit und Schönheit des Ganzen.[73] Die Entwicklung des linearen Zeitbewusstseins ist durch die Hilfe der Wissenschaft u.a. durch die Erfindung der Räderuhr und durch die Verfeinerung der klassischen theoretischen Mechanik verstärkt vorangeschritten. Der Gebrauch des Wortes „Sekunde" ist erstmals für das 17. Jahrhundert bezeugt, auch wenn selbst die Minute zunächst nur in astronomischen Berechnungen eine Bedeutung hatte.[74]

Im 18. Jahrhundert konstituierte sich nun das Fortschrittsdenken, in dem das lineare, gerichtete und auf Beschleunigung zielende Zeitbewusstsein die Dynamik wesentlich förderte. Das Handeln richtete sich optimistisch auf das Neue, auf eine offene Zukunft hin ohne religiöse und weltliche Grenzen. Ein Grundphänomen dieses linearen Zeitbewusstseins des 18. Jahrhunderts war, dass die Zeit nicht nur passiv ertragen, sondern mitgestaltet und gemacht wurde; man besaß eine aktive Einstellung zu ihr. Immer häufiger wurde das aktive Ausschöpfen der Zeit, das aktive Zeitnutzen, das Zeitbewusstsein mit dem Handeln verknüpft. Gerade diese Entwicklung des Zeitbewusstseins im 18. Jahrhundert führte zu einer entscheidenden Dynamisierung des europäischen Lebensgefühls, indem die Gegenwart als Phase in einem Entwicklungsprozess verstanden wurde, indes aber die Zukunftszeit nicht mehr auf ein bestimmtes nahes oder ferneres Ziel oder Ende zulief, sondern im Prinzip unbegrenzt war.[75] Hier zeichnet sich die Kultur der Moderne ab. Da sich die neue, die moderne Welt von der alten dadurch unterscheidet, dass sie sich der Zukunft öffnet, wiederholt und insistiert sich der epochale Neubeginn mit jedem Moment der Gegenwart, die Neues hervorbringt. Die Bewegungsbegriffe, die im 18. Jahrhundert zusammen mit dem Ausdruck „modern" oder „neue Zeit" aufkamen und bis heute ihre Bedeutung bzw. Gültigkeit behalten haben, verdeutlichen dies: Fortschritt, Entwicklung, Zeitgeist. Zentral ist hier, was sich schon im Geist der Renaissance andeutete: die Moderne kann und will ihre orientierenden Maßstäbe nicht mehr an Vorbildern einer anderen Epoche ausrichten:

> „Die Moderne sieht sich, ohne Möglichkeit der Ausflucht, an sich selbst verwiesen. Das erklärt die Irritierbarkeit ihres Selbstverständ-

> nisses, die Dynamik der ruhelos bis in unsere Zeit fortgesetzten Versuch, sich selbst ‚festzustellen'. [...] Die Partei der Modernen lehnt sich gegen das Selbstverständnis der französischen Klassik auf, indem sie den aristotelischen Begriff der Perfektion an den des Fortschritts, wie er von der modernen Naturwissenschaft suggeriert worden war, assimiliert."[76]

Nun entfaltete sich gleichzeitig zu dieser Entwicklung des Fortschrittsdenken erneut eine Gegenbewegung. Es war Jean-Jacques Rousseau (1712-1778), der das vorherrschende Zeitbewusstsein ablehnte. Er sah darin eine Behinderung der individuellen Freiheit. Seine Angst bestand darin, dass der Mensch in eine ihm fremde und abstrakte Natur gedrängt werde, losgelöst von den eigenen und den natürlichen Zyklen. Rousseau war skeptisch gegenüber dem immerwährenden unruhigen Blick auf den Fluss der Zeit und in die Zukunft:

> „Meine einzige feste Form würde die sein, dass ich mich in jeder Situation nie mit einer anderen beschäftigen und jeden Tag für sich selbst genießen würde, unabhängig vom vorhergehenden und vom folgenden."[77]

Er war dagegen nur um der Eile willen zu eilen, der Mensch sollte mit seinen Gedanken stets mehr dort weilen, wo er ist, und nicht, wo er zukünftig sein wird. Rousseau war somit einer der ersten Warner vor der Hetze, der inneren Unruhe und Selbstentfremdung, einer von zunehmend kleingegliederten linearen Zeit und Fortschrittsdenken beherrschenden Zivilisation. Trotz allem war die Begründung des Fortschrittsdenkens das entscheidende Resultat der Entwicklung des Zeitbewusstseins im 18. Jahrhundert; die grundsätzliche Aufwertung der Zukunft ist in diesem Zusammenhang von fundamentaler Bedeutung, da sich nur in Verbindung mit ihr die progressiven und zukunftsgläubigen Tendenzen etablieren konnten. Gerade Rousseau wirkte dergestalt auf die führenden Köpfe in den letzten Jahrzehnten des 18. Jahrhunderts als ein rotes Tuch, da er nicht an den weiterführenden Weg der Wissenschaften in die Zukunft glaubte, sondern ein „zurück zur Natur" proklamierte, als hätte er Angst vor der Zukunft als Sinnbild für die Unsicherheit. Viele Erzieher und Philosophen warnten nachdrücklich jene, die dem Fortschritt skeptisch gegenüberstanden und die Rückkehr zur Natur anmahnten.[78]

Immanuel Kant (1724-1804), der für die Diskussion der physikalischen wie der subjektiven Zeit eine wichtige Rolle spielt, formulierte seine Warnungen vor dem Blick zurück statt nach vorn in die verheißungsvolle Zukunft in seiner Abhandlung über den „Mutmasslichen Anfang der Menschengeschichte“:

> „Der dritte Wunsch, oder vielmehr die leere Sehnsucht [...] ist das Schattenbild des von Dichtern so gepriesenen goldenen Zeitalters: wo eine Entledigung von allem eingebildeten Bedürfnisse, das uns die Üppigkeit aufladet, sein soll, eine Genügsamkeit mit dem bloßen Bedarf der Natur, eine durchgängige Gleichheit der Menschen, ein immerwährender Friede unter ihnen, mit einem Wort der reine Genuß eines sorgenfreien in Faulheit verträumten oder mit kindischem Spiel vertändelnden Lebens; - eine Sehnsucht, die die Robinsone und die Reisen nach den Südseeinseln so reizend macht, überhaupt aber den Überdruß beweiset, den der denkende Mensch am zivilisierten Leben fühlt, wenn er dessen Wert lediglich im Genusse sucht, und das Gegengewicht der Faulheit dabei in Anschlag bringt, wenn etwa die Vernunft ihn erinnert, dem Leben durch Handlungen einen Wert zu geben.“[79]

Ein weiterer wichtiger Schritt in der zweiten Hälfte des 18. Jahrhunderts war die Überwindung bzw. Erweiterung des Zeithorizonts.[80] Bisher hatte man in weiten Kreisen angenommen, dass Gott vor ungefähr sechstausend Jahren die Erde erschaffen habe. Man hatte diese Zahl errechnet, indem man aus der Bibel alle Generationen von Adam und Eva bis zur Gegenwart durchgezählt hatte. Dies war die allgemein akzeptierte Vorstellung vom Alter der Welt in der Gesellschaft. Aber in den Wissenschaften regte sich zunehmend die Überzeugung, dass das Alter der Welt wesentlich größer sei. Kant sprach schon von einigen Millionen Jahren.[81] Angeregt wurden diese Überlegungen durch fossile Funde, die Hinweise auf geologische Wandlungsprozesse der Erde gaben. Die Geologie, die noch nicht als ein eigenständiges und anerkanntes Fach existierte, benötigte große Zeiträume, um diese Wandlungsprozesse zu beschreiben und zu erklären. Es gab allerdings noch bis 1790 viele Stimmen, die die Grundtatsache geologischer Wandlungen nicht akzeptieren wollten. Trotzdem vollzog sich nunmehr ein wissenschaftlicher Durchbruch, der einigen wissenschaftlichen Erkenntnissen des 19. Jahrhunderts den Weg ebnen sollte. So wirkte es nicht mehr revolutionär als Lamarck 1802 behauptete, dass die Natur über unendlich viel Zeit verfüge. Und nur in diesem Zusammenhang der Erweiterung des Zeithorizonts im 18. Jahrhundert lässt sich, im Vorgriff auf das 19. Jahrhundert, Darwins (1809-1882) Evolutionstheorie bzw. der Prozess der Evolution denken, da auch dieser nur mit einem genügend großen Zeithorizont plausibel erschien. So schätzte Darwin das Alter der Welt auch auf 200-300 Millionen Jahre. Gerade die Durchbrechung der Zeitgrenze war ein einmaliger revolutionärer Akt, der sich in einem Zeitraum von ungefähr 50 Jahren vollzog. Von nun an lebte die westliche Zivilisation mit einem anderen kosmischen Zeitbewusstsein als die Kulturen in all den Jahrtausenden zuvor. Solchermaßen ist das Fortschrittsdenken eine konsequente Fortentwicklung des Zeitbewusstseins im 18. Jahrhundert, als eine neue Grundeinstellung zur Kultur, Politik und Geschichte, bedingt durch die hinzukommende Intensivierung des Zukunftsgefühls und weiterhin der stärkeren und positiveren Bewertung des menschlichen Handelns. Es erfolgte eine seelische, sittliche und weltanschauliche Aufwertung der Zukunft, wobei aber die moderne Entdeckung der Zukunft noch nicht den Charakter eines umfassenden weltanschaulichen Anspruchs besaß. In diesem Zusammenhang fand auch die Vorstellung vom Prozess der Beschleunigung und des Wettlaufs seine Formulierung, nämlich bei Johann Gottfried Herder (1744-1803). Seiner Vorstellung nach war die Geschichte der Völker „ein Wettlauf zur Erreichung des schönsten Kranzes der Humanität und Menschenwürde."[82] Gerade im 17. und 18 Jahrhundert kam man erst dazu, die Geschichte greifbar in Jahrhunderte zu gliedern und ihnen eine jeweilige charakterisierende Bedeutung zuzuschreiben. Seit Beginn des 18. Jahrhunderts nahm man nun auch besonders in Frankreich den Jahrhundertbeginn zum Anlass, sich vom vorangegangenen Jahrhundert abwertend zu distanzieren und sich dem neuen als einem besseren mit ganz bestimmten Erwartungen und Zielsetzungen zuzuwenden.[83]

Vom industriellen Takt in die Gegenwart – Vom 19. ins 21. Jahrhundert

Mit der industriellen Revolution im 18. und 19. Jahrhundert setzte sich die quantitative lineare Zeit langsam auf breiter Ebene im Bewusstsein der Menschen durch. Anfang des 19. Jahrhunderts fanden Wand- und Taschenuhren allgemeine Verbreitung und zwar erwartungsgemäß genau in jenem Moment, in dem die industrielle Revolution eine höhere Synchronisation der Arbeit verlangte. Die Uhr wurde mit der Industrialisierung zur Voraussetzung für eine die gesamte Kultur durchdringende Änderung im ökonomischen Sektor. Benjamin Franklins (1706-1790) „Time is money" wurde im ausgehenden 18. Jahrhundert mehr und mehr zur Lebensmaxime:

> „Bedenke, dass die Zeit Geld ist; wer täglich zehn Schillinge durch seine Arbeit erwerben könnte und den halben Tag spazieren geht, oder auf seinem Zimmer faulenzt, der darf, auch wenn er nur sechs Pence für sein Vergnügen ausgibt, nicht dies allein berechnen, er hat nebendem noch fünf Schillinge ausgegeben oder vielmehr weggeworfen."[84]

Mit der Einrichtung von großen Fabriken wurde es nötig, die vielen Arbeiter zu einer gleichzeitigen Anwesenheit zu verpflichten. Die Arbeit musste zu einem bestimmten Zeitpunkt aufgenommen und beendet, Pausenzeiten mussten exakt eingehalten werden. Den Rhythmus gaben die Maschinen an, die gleichmäßig ihre Arbeit verrichteten und eine individuelle Art und Weise der Arbeitsverrichtung kaum bzw. nicht zuließen. Maßnahmen zur Disziplinierung waren beispielsweise Stech- oder Kontrollkarten, Geldstrafe oder Lohnabzug. Die befohlene Pünktlichkeit innerhalb eines autoritären Erziehungssystems, einer autoritär-hierarchischen Institution wie beim Militär oder in einem wie im 19. Jahrhundert oft autoritär geführten Industriebetrieb nötigte den Menschen eine gewisse Zeitdisziplin auf. Hier funktionierte Pünktlichkeit im Rahmen von Unterordnung und Gehorsam.[85] Die Schule als Institution übernahm die Aufgabe die gewünschte und benötigte Zeitdisziplin bei den Schülern hervorzubringen.[86] Hier zeigt sich deutlich, dass die Möglichkeit, die Zeit anderer zu disponieren, ein Macht- und Herrschaftsinstrument ist. Es gibt kein besseres Herrschaftssymbol als die Zeit, da sie der einzige Besitz ist, der nicht ersetzt werden kann, wenn er erst einmal verloren ist. Das Festlegen der Arbeitszeit zeigt beispielsweise die Macht ökonomischer Organisationen, das Festlegen von Gefängniszeiten die Macht des Staates. Johann Heinrich Pestalozzi (1746-1827) schrieb in seinem Werk *Lienhard und Gertrud* in Bezug zur Pünktlichkeit:

> „Wenn eines zu spät kam, so war die Tür für ihns [sic] zu wie die Pforte einer Festung, wenn sie zu ist. Ob sie weinten oder nicht, das war gleichviel; er sagte ihnen kurz, sie sollten jetzt nur heimgehen, es tue ihnen nur wohl, wenn sie lang` daran sinnen, dass man alles, was man in der Welt tun muß, zu rechter Zeit tun muß oder dass es sonst wie nicht getan ist.“[87]

Die Disziplinierungsmaßnahmen waren somit vielfältig: über den Weg einer breit angelegten Erziehung sowohl in den Fabriken wie auch in den Schulen, Arbeitersiedlungen oder Kirchen wurde eine rationale, methodische Lebensführung verinnerlicht. Langsam vollzog sich nun auch der Übergang von der Fremddisziplin zur Selbstdisziplin. Dies lag sicherlich auch daran, dass das kapitalistische Wirtschaftssystem gleichwohl den Arbeitern einigen materiellen Wohlstand brachte, aber auch daran, dass ein wichtiges Instrument für die Verinnerlichung der neuen Zeitstrukturen die Lohnformen waren. Zunächst wurde von den Unternehmen mit Akribie das vermeintlich richtige Verhältnis von Arbeitszeit und Lohn hergestellt und dann der Leistungslohn, zunächst in der Form des Stücklohns, eingeführt. Nach und nach wurde deutlich, dass sich mit Hilfe von Zeitdisziplin neue Hierarchien und Machtpositionen aufbauen ließen, die auf den unteren Stufen auch den Arbeitern zugänglich waren. Solche Begleiterscheinungen waren sicherlich von einiger Attraktivität für die Arbeiter, trotzdem gab es großen Widerstand der Lohnarbeiter gegen die kapitalistische Zeitökonomie. Sie bestand beispielsweise darin, dass sie sich der geforderten Zeitdisziplin entzogen und, wo irgend möglich, der Arbeit ganz fernblieben. Häufig wollten sie auch nach dem Prinzip der Bedarfsdeckung nur so lange arbeiten, bis der eigene Unterhalt für die nächsten Tage gesichert war; die Fabrikanten klagten, dass die Arbeiter aufhörten, pünktlich und nach den Regeln zu arbeiten, sobald sie ein paar „Schillinge“ verdient hatten, und vor allem nach den Zahltagen für einige Tage fehlten.[88] Trotzdem akzeptierten sie sukzessiv die neuen Zeitstrukturen als Existenzgrundlage. Zu den Erziehungsmaßnahmen kam dann allmählich auch der Glaube an den Fortschritt beim Erwerb aller Fähigkeiten und Tugenden, der zu einer wichtigen Rolle in Bezug zur Selbstdisziplin wurde.

In vielerlei Hinsicht sind die Menschen dazu genötigt worden, die Kategorien Zeit und Arbeit als die Seiten einer Sache zu sehen. Arbeiten heißt, seine Zeit auf vernünftige und rechtschaffene Art und Weise zu verbringen, und sich auch die Chance auf ein Teilhaben am Fortschritt offenzuhalten, d.h. eine bessere Welt zu erreichen, die in der Zukunft vermutet wird. Diese Zukunft, ist nur durch Handlung, Taten bzw. Arbeit zu erlangen. Arbeit und Arbeitszeit wurden zum Kern der Identität der Menschen im Industriezeitalter. Sie gab ihm Stabilität, gleichzeitig wurde Zeit, die keine Arbeitszeit war, für viele zum Fluch, da sie leere Zeit war, über die man keine Rechenschaft ablegen konnte.[89]

Das ganze 19. Jahrhundert wurde nun von der zunehmenden Herrschaft des linearen und dynamischen Zeitbewusstseins bestimmt, gerade auch in den Wissenschaften, der Philosophie und dem allgemeinen Lebensgefühl, mit seinen sozialen und politischen Intentionen. Die philosophische Formulierung des Fortschrittsdenkens fand sich in Hegels (1770-1831) *dialektischem Prozeß*. Hegel verstand die Geschichte als eine dialektische Bewegung, die man eine Kette von Revolutionen nennen könnte. Der dialektische Prozess erhob den Wechsel, die Veränderung zum Grundprinzip des Lebens. Kein Zustand ist von Dauer, jede Stufe der Dinge, enthält einen Widerspruch, den nur der Streit der Gegensätze lösen kann. Dieser dialektische Prozess sollte jedes Mal etwas Neues, Höherwertiges hervorbringen. Die Geschichte hatte das Ziel, das Wachstum der Freiheit zu sichern und zu fördern, und der Staat war die organisierte Freiheit. Erneut aber entstand in den ersten Jahrzehnten des Jahrhunderts, als bedeutendes Phänomen, eine schöpferische Gegenbewegung zum Siegeszug des linearen Zeitbewusstseins: die Romantik. Die Romantik begehrte gegen die rationale Vorwegnahme der Zukunft als mögliche Lebenssteigerung, also gegen das herrschende Weltgefühl und Zeitbewusstsein auf. Ihr Ziel war es, ein poetisches Leben zu führen, als an irgendeinem belanglosen Ort im strengen Rahmen von Zeit- und Leistungsanforderungen ihre Pflicht zu erfüllen. Sie bezogen also deutlich Stellung zu dem damals modernen vordringenden Hauptideal, dem Fortschrittsdenken. In der Romantik trat auch eine Umwertung der bereits beschriebenen mechanischen Metaphorik ein. Seit dem späten 18. Jahrhundert gewann der Vergleich mit einem Mechanismus vor allem gegenüber dem Staat polemische Akzente. Das Bild von der Staatsmaschinerie wurde immer mehr negativ gesehen. Dominierte zuvor noch die Bewunderung der Maschine, wurde nun mehr und mehr die Furcht vor ihr spürbar. Die Maschine erschien, wo nicht gefährlich, wenigstens als geist- und seelenlos. Nietzsche schrieb in diesem Zusammenhang, allerdings im ausgehenden 19. Jahrhundert:

> „Eine essentiell mechanische Welt wäre eine essentiell sinnlose Welt."[90]

Die Geistesströmung der Romantik war ein vielschichtiges Phänomen in der ersten Hälfte des 19. Jahrhunderts. Es sind gewöhnlich die Jahrzehnte zwischen 1790 und 1840, die als Zentrum dieser Geisteshaltung gesehen werden. Sie gilt als die letzte, ganz Europa umfassende geistige Bewegung und hatte eine universale und tiefgreifende Bedeutung. Ihre territoriale Ausdehnung erfasste nicht nur alle Teile Europas mit Ausnahme der Türkei, sondern auch den amerikanischen Kontinent. Sie hatte nicht nur Einfluss auf die Literatur im Allgemeinen oder die Lyrik im Besonderen, sondern auch auf die Musik, die bildenden Künste in den verschiedenartigsten Ausprägungen, auf das soziale Denken und das Geschichtsverständnis. Und schließlich prägte sie auch die Vorstellung der Menschen vom Jenseits und Diesseits und damit sein Zeitbewusstsein. Viele Lebensbereiche sind durch die ausgedehnte Strömung der Romantik verändert worden. So waren wesentliche Anliegen die Frage nach dem Gleichgewicht von intuitiven und rationalen Begabungen des Menschen oder nach seinem Verhältnis zur Natur. Sogar auf den Stil des ehrwürdigen Schachspiels wirkte die Romantik sich aus. Denn es war charakteristisch für die romantischen Schachmeister, dass sie sich bei der Taktik ihres Spiels mehr auf die Intuition und nicht auf die Berechnung verließen. Dergestalt wurden einige der erfolgreichsten Züge einfach intuitiv gemacht, da es für den menschlichen Verstand nicht möglich ist, alle Kombinationen in so kurzer Zeit Schritt für Schritt zu analysieren. Intuition ist zwar nicht an eine besondere Altersgruppe gebunden, dennoch scheint ein bestimmter Zusammenhang von intuitiver Wahrnehmung und jugendlichem Alter zu bestehen. Dieser Zusammenhang mag auch Erklärung dafür sein, dass die romantische Epoche eine Ära der Jugend par excellence war.[91] Dennoch blieb die Romantik letztlich nur ein Zwischenspiel für ein sich ausweitendes lineares Zeitbewusstsein.

Zwischenspiel: Zeit und Thermodynamik

Die Physik leistete in der ersten Hälfte des 19. Jahrhunderts zwei bedeutsame Beiträge zur Manifestation des linearen Zeitbewusstseins. Es war die Formulierung des 1. und 2. Hauptsatzes der Thermodynamik. Der 1. Hauptsatz der Thermodynamik ist besser unter dem Namen des Energieerhaltungssatzes bekannt. Er besagt, dass man aus einem geschlossenen System nicht mehr Energie herausholen kann als man hineinsteckt. Man kann somit nur Energie verschieben oder transformieren. Die Suche nach einem Perpetuum mobiles wurde so ad absurdum geführt. Wichtiger in unserem Zusammenhang ist die Formulierung des 2. thermodynamischen Hauptsatzes, den Clausius 1857 formulierte, da er feststellte, dass die Formulierung des 1. Hauptsatzes nicht ausreichte, um bestimmte Phänomene zu beschreiben.[92] Man kann ihn so wiedergeben, dass jedes geschlossene System einem Zustand völliger Unordnung oder einem Chaos zustrebt. Auf das Universum als Ganzes angewandt, besagt er, dass der gesamte Kosmos einem Endzustand totaler Entartung zustrebt, folglich der absoluten Unordnung, die identisch mit dem Zustand eines thermodynamischen Gleichgewichts ist. Eine Möglichkeit, den Anstieg des Chaos zu messen, bietet die sogenannte *Entropie*, welche definiert ist als das Maß der Unordnung in einem System. Der 2. Hauptsatz der Thermodynamik besagt nun, dass in einem geschlossenen System die Entropie insgesamt niemals abnehmen kann, sondern bestenfalls unverändert bleibt. Ein Beispiel ist, wie die Sonne allmählich ihren Kernbrennstoff verbraucht, unwiederbringlich Wärme und Licht in das Weltall schleudert und die Entropie des Kosmos so erhöht.

Im 19. Jahrhundert erkannte man, dass sich das ganze Universum so entwickeln würde und gab diesem Umstand den Namen des „kosmischen Wärmetods". Der thermodynamische Untergang des Kosmos war ein eindeutiger Bruch mit der Vorstellung vom Kosmos als einem Newtonschen Uhrwerk. Statt das Universum als perfekte Maschine zu betrachten, sah man es jetzt als einen riesigen Wärmemotor an, dem allmählich der Treibstoff ausging. Auf diese Weise hatte die Physik eine pessimistische Zeit entdeckt, und eine Generation atheistischer Philosophen unter Führung von Bertrand Russell klagte von der schrecklichen Unausweichlichkeit des kosmischen Untergangs.[93] Die Newtonsche Mechanik war ja dadurch charakterisiert, dass sie keinen Zeitpunkt gegenüber einem anderen in irgendeiner Art und

Weise auszeichnete. Zeitpunkte in der Vergangenheit und Zeitpunkte in der Zukunft waren gleichberechtigt, es gab keine vorherrschende Richtung. Tatsächlich gibt es für die Zeit im Rahmen der grundlegenden Gesetzmäßigkeiten der Physik, von der klassischen Newton´schen Mechanik bis hin zur Relativitätstheorie und der Quantenphysik, keinerlei Unterscheidung zwischen Vergangenheit und Zukunft. Viele Physiker sind auch heute noch der Überzeugung, dass es, was die fundamentale Ebene der Naturbeschreibung angeht, keinen Pfeil der Zeit gibt. Trotzdem führte nun der 2. thermodynamische Hauptsatz einen unumkehrbaren Zeitpfeil in die (physikalische) Welt ein, weil die Zunahme der Entropie ein unumkehrbarer Prozess „abwärts" zu sein schien. Die klassische (Natur-) Wissenschaft stellte gerade die Bedeutung von Stabilität und Gleichgewicht heraus. Heute stößt man aber in einer Vielzahl von Bereichen auf Fluktuationen und Instabilitäten, angefangen bei der Atom- und Molekularphysik über die Mechanik der Flüssigkeiten, der Biologie[94] und Chemie bis hin zu den großräumigen Systemen, die Bedeutung haben für die Umwelt-, Wirtschafts- und Sozialwissenschaften. Begrifflichkeiten wie Selbstorganisation und dissipative Strukturen haben in diesem Zusammenhang in den letzten Jahrzehnten eine allgemeine Verbreitung gefunden. Die Prigoginesche Brüsseler Schule hat sich um die Entwicklung geeigneter mathematischer Instrumentarien, sogenannter „dissipativer Strukturen", verdient gemacht. Sie versucht gegenwärtig, die Reversibilität der klassischen Naturgesetze in der Mechanik und Elektrodynamik, mit der Irreversibilität thermodynamischer Erscheinungen zu verbinden. Prigogine erachtet Zeit als eine Emergenzerscheinung von Komplexität und kritisiert physikalische Zeittheorien, die die Mannigfaltigkeit der irreversiblen Prozesse übersehen. So stellten Prigogine und Nicolis einen neuen Typus einer stochastischen Gleichung auf, die es ermöglichte, zugleich die deterministischen wie die zufälligen Aspekte von Strukturen zu erfassen, die sich durch Fluktuationen bilden. Der Schlüssel zum Verständnis dissipativer Strukturen findet sich in der Erkenntnis, dass sie sich in einem stabilen Zustand fern vom Gleichgewicht erhalten. Prigogine erkannte, dass die klassische Thermodynamik zur Beschreibung von Systemen fern vom Gleichgewicht ungeeignet ist. Der Grund hierfür liegt in der linearen Beschaffenheit ihrer mathematischen Struktur. Er entwickelte mit seinen Mitarbeitern eine nichtlineare Thermodynamik für Nichtgleichgewichtssysteme. Nichtlineare Gleichungen haben gewöhnlich mehr als eine Lösung, d.h. je höher die Nichtlinearität, desto größer die Anzahl der Lösungen. Prigogine betont, dass sich die Eigenschaft einer dissipativen Struktur nicht aus den Merkma-

len ihrer Teile ableiten lassen.[95] Dissipative Strukturen sind so organisiert, dass sie sich in ihrem Entstehen und Vergehen die Waage halten. Sie sind das Ergebnis eines Vorgangs der Selbstorganisation, welcher in seinen Anfängen auf der Ebene unbeträchtlicher Fluktuationen noch rein zufällig ablaufen kann und als ein stochastisches Phänomen auftritt. In dem Maße wie sich diese Fluktuationen verstärken, nimmt die Zahl der in dem Systemverband integrierten Atome und Moleküle zu, dessen Verhalten dann zunehmend deterministische Züge aufweist und dessen Weiterentwicklung nicht mehr dem Zufall überlassen bleibt, sondern nun im hohen Maße vorhersehbar ist. Dies bedeutet keinesfalls eine vollständige Determinierung des weiteren Prozesses, sondern stochastische Elemente treten auch jetzt noch auf und zwar dort, wo das System aufgrund seiner inneren Dynamik zu bestimmten kritischen Punkten gelangt und seine bisherige Struktur in der alten Form nicht mehr aufrecht erhalten kann.
Es genügt an dieser Stelle der Hinweis, dass es sich bei all diesen Systemen nicht um isolierte, sondern um offene Systeme handelt, die mit ihrer Umgebung in einem permanenten Energie- und Materieaustausch stehen. Diese beiden Typen von Systemen unterscheiden sich vor allem darin, dass sie ein unterschiedliches Verhältnis zur Entropie haben. Während im geschlossenen System ständige irreversible Entropiereduktion stattfindet bzw. das Niveau nach Erreichen des inneren Gleichgewichts konstant bleibt, produziert das offene System Entropie und ist aufgrund seiner Wechselwirkung mit der Umwelt in der Lage, sie dorthin strömen zu lassen. Hierdurch hält es seinen Entropiegehalt konstant oder verringert ihn teilweise noch und ist in der Lage, dem Abbau von Ordnung entgegenzuwirken und komplexe Strukturen aufzubauen.[96]

Woher aber kommt nun der Pfeil der Zeit? Gerade dieses Problem stand in den letzten 15 Jahren im Mittelpunkt der Prigogineschen Forschung. Als Ergebnis zeigte sich, dass der Pfeil der Zeit seinen Ursprung in der Instabilität dynamischer Systeme, d.h. in chaotischen[97] dynamischen Systemen hat. Dies führt zu einer Erweiterung der Gesetzmäßigkeiten der klassischen Mechanik oder auch der Quantenmechanik. Die Gesetze der Physik erhalten in diesem Zusammenhang eine neue Bedeutung. Sie drücken nicht länger Gewißheiten aus, sondern Möglichkeiten. Da der Pfeil der Zeit seinen Ursprung in der Instabilität dynamischer Systeme hat, folgt daraus, dass Irreversibilität keine Eigenschaft eines Einzelobjekts ist, sondern eine Eigenschaft von Kollektiven oder größeren Gesamtheiten.[98]

„Die Zukunft ist ungewiß. Dieser Satz ist gültig sowohl bezüglich der Natur, die wir beschreiben, als auch in Hinblick auf unser eigenes Dasein. Doch diese Ungewißheit bildet den Kern der menschlichen Kreativität. Die Zeit wird Konstruktion, und Kreativität wird zu einem Mittel, an diesem Prozeß teilzuhaben.“[99]

Kehren wir zurück ins 19. Jahrhundert.
Es war ein bizarrer Zufall, dass, gerade als die schlechte Nachricht vom sterbenden Universum bei den Physikern bekannt wurde, Charles Darwin sein Buch *Über die Entstehung der Arten* herausbrachte.[100] Die Hauptbotschaft hier war grundsätzlich optimistisch. Auch die biologische Evolution führte einen Zeitpfeil in die Natur ein, dieser jedoch zeigte in die entgegengesetzte Richtung wie der des 2. Hauptsatzes der Thermodynamik; die Evolution schien ein Prozess „aufwärts“ zu sein, d.h. von der Unordnung oder Einfachheit zur Ordnung bzw. Komplexität. Darwin selbst glaubte fest daran, dass es in der Natur einen angeborenen Trieb zu Verbesserung gab. Schnell sprachen die Biologen von einer „Leiter des Fortschritts“, an deren Fuß sich Mikroben befanden und der Mensch an der Spitze. Ein Charakteristikum des im Darwinismus enthaltenen Zeitbewusstseins war trotzdem die Ziellosigkeit der Entwicklung in Bezug auf theologische Interpretationen. Obwohl die Evolutionstheorie den Gedanken verwarf, dass Gott jede Art einzeln geplant und erschaffen hat, blieb dennoch Raum für einen planenden Gott, der die Evolution über Millionen Jahre hin zum Menschen lenkte. Der evolutionär gedachte Fortschritt der Menschheit misst sich auch heute noch am Zeitpfeil, der unaufhaltsam und unumkehrbar nach vorne weist. Aber schon einige Jahre vor Darwin formulierte Herbert Spencer (1820-1903) den Entwicklungsgedanken und prägte die später durch den Darwinismus bekannt gewordenen Wendungen vom „Kampf ums Dasein“ und vom „Überleben des Tüchtigeren“.
Der Wechsel verschiedener Ereignisse ist vielleicht der wichtigste Aspekt, der im Zusammenhang mit dem Gefühl der Geschwindigkeit des Zeitablaufs genannt werden muss. Absolute Monotonie würde zur Folge haben, dass kein Ablauf der Zeit mehr wahrgenommen würde. In diesem Zusammenhang war ein weiterer wichtiger Schritt zur Beschleunigung des Zeitbewusstseins die Erfindung und Entwicklung neuartiger Verkehrs- und Kommunikationsmöglichkeiten zu Beginn des 19. Jahrhunderts. Als nun auch solche Möglichkeiten der körperlichen Beschleunigung als Mittel zur Verfü-

gung standen, wurde das lineare Zeitmodell und die ihr inhärente zunehmende Beschleunigung immer mehr zum unproblematischen Alltagsverständnis. Gerade die Eisenbahn war lange das zentrale Symbol zunehmender Beschleunigung für das 19. Jahrhundert, auch wenn der Siegeszug der Eisenbahn bei den Zeitgenossen zunächst häufig eine ambivalente Gefühlsmischung hervorrief, in der sich Faszination und Furcht aneinander koppelten. Heinrich Heine (1797-1856) berichtete 1843 von der Eröffnung der Eisenbahnlinie Paris-Rouen und Paris- Orleans:

> „Aber die Zeit rollt rasch vorwärts, unaufhaltsam, auf rauchenden Dampfwagen. [...] Welche Veränderungen müssen jetzt eintreten in unsrer Anschauungsweise und in unsern Vorstellungen! Sogar die Elementarbegriffe von Zeit und Raum sind schwankend geworden. Durch die Eisenbahnen wird der Raum getötet und es bleibt uns nur noch die Zeit übrig. Hätten wir nur Geld genug, um auch letztere anständig zu töten!“[101]

Die ersten Eisenbahnen haben die Zeit- und Raumerfahrung der Menschen im 19. Jahrhundert revolutioniert. Die Eisenbahn war das Vehikel, mit dem im Laufe der Zeit das moderne Zeitbewusstsein die Massen ergriff. Die Lokomotive wurde zum volkstümlichen Symbol einer schwindelerregenden, als Fortschritt verstandenen Mobilisierung aller Lebensverhältnisse. Dort, wo die Mobilisierung und die dadurch ausgelösten Umwälzungen der Lebensverhältnisse ihre größte Beschleunigung erfuhr, galt die Modernisierung am weitesten fortgeschritten.[102] Die Beschleunigung und Intensivierung der Verkehrsmittel sah man als Lösung für den Konflikt zwischen begrenzter Lebenszeit und unbegrenztem Wollen, d.h. der Steigerung der Selbstentfaltung und das Ausnutzen der gebotenen Möglichkeiten. Gerade die vielen Beschleunigungsprozesse der modernen Zivilisationen prägten in den Industrieländern, hier besonders in den Großstädten und den Ballungsgebieten, eine innere Unruhe, die zur Aktivierung schnellen zielgerichteten Handelns beitrugen; diese wurde einerseits als neuer prickelnder Lebensreiz empfunden, konnten aber auch andererseits als große Verunsicherung erlebt werden. Die Veränderungen und die Zunahme der Beschleunigung lassen sich anhand des Bedeutungswandels des Wortes „Tempo“ verdeutlichen. Zunächst verstand man es als die Bezeichnung für eine ganz bestimmte, messbare Geschwindigkeit im Vergleich zu anderen wie es uns heute noch in der Musik geläufig ist. Es war also zunächst ein neutraler Begriff, der Anfang des 19.

Jahrhunderts mit Hilfe eines Metronoms genau und praktisch bestimmt wurde. Aber mehr und mehr wandelte sich die Bedeutung zu einem „besonders schnell“ als ein Hinweis auf eine Dynamisierung.[103]
Die verkehrsmäßige Beschleunigung und das Gefühl der Eile gehörten demgemäß zum ausgehenden 19. Jahrhundert. Im Zusammenhang beschleunigter Eisenbahnreisen wurde auch zuerst das Phänomen vom Schwund und der Verdichtung, von Löschung und Akkumulation von Intervallen beobachtet: die Veränderung der räumlichen Verhältnisse durch die Geschwindigkeit der Eisenbahn als Vorgang der Raumverkleinerung und der Raumerweiterung. Später werden wir erneut auf dieses Phänomen stoßen. Gleichwohl war gegen Ende des 19. Jahrhunderts die Entwicklungstendenz zu erkennen, die den Spätkapitalismus auszeichnete, nämlich die Verwissenschaftlichung der Technik. Mit der beginnenden Industrieforschung wurden Wissenschaft, Technik und die Verwertung zu einem Prinzip zusammengeschlossen. Gerade die in diesem Zusammenhang fortschreitende Rationalisierung der Gesellschaft fand in der Institutionalisierung des wissenschaftlichen und technischen Fortschritts ihren Anstoß.

> „Die Schwächen des technokratischen Modells liegen auf der Hand. Einerseits unterstellt es einen immanenten Zwang des technischen Fortschritts, der diesen Schein der Verselbständigung nur der Naturwüchsigkeit der in ihm wirksamen gesellschaftlichen Interessen verdankt.“[104]

Die Begeisterung für die Uhrzeit in einem ökonomischen Zusammenhang erreichte mit Frederick Taylor (1856-1915) und seinem System des „Efficiency Engineering“ einen Höhepunkt. Um sicherzustellen, dass jeder Augenblick des Produktionsprozesses zur Maximierung der Leistung genutzt wurde, führte er eine Neuerung im industriellen Prozess ein, den Taylor und seine Schüler das „wissenschaftliche Management“ nannten. Er entwickelte mit seinen Schülern Bewegungszeitstudien: Man filmte jede einzelne Bewegung eines Arbeiters in einer Fabrik, um einerseits die Arbeiten in einer Fabrik in ihre Komponenten zu zergliedern, und andererseits eine Standardzeit für jede Körperbewegung festlegen zu können. So wurde für jede Aufgabe eine vermeintlich optimale Zeit gemessen. Zunächst wurden optimale Arbeitsnormen errechnet, dann wurde die Zeit gemessen, die jeder Arbeiter für jede Bewegung brauchte. Dann trennten die Fabrikbesitzer alle „überflüssigen“ Bewegungen, wie z.B. Gähnen, Am-Kopf-kratzen oder Reden, von denen, die direkt für die Herstellung des gewünschten Produkts notwendig waren. Indem alle noch so unbedeutend erscheinenden Zeitreserven, die versteckten Pausen und willkürlichen Verlangsamungen wegrationalisiert wurden, erreichte das, was durch Organisation, Methode und Institution an Beschleunigung und Rationalisierung möglich war, seinen vorläufigen Gipfel. Die Präzision dieser Messungen wurde schließlich bis auf die 1/10000 Minute perfektioniert. Taylor war der Überzeugung, dass seine Methode des wissenschaftlichen Managements zu einer vollkommenen, stromlinienförmigen Standardzeit für jede Arbeit führen würde, wenn man sie objektiv anwandte.[105]

Durch den nach ihm sogenannten Taylorismus erlangte der Wert der Effizienz und die Bedeutung der Uhrzeit eine ganz neue Ebene. Taylor machte die Effizienz zum *modus operandi* der amerikanischen Industrie und zur Tugend der amerikanischen Kultur: Effizienz wurde zur Wissenschaft erhoben. Seine Prinzipien des wissenschaftlichen Managements waren einzig zum Zweck entwickelt worden, jeden Arbeiter effizienter zu machen Er glaubte, so den Arbeitsprozess von den Fähigkeiten der Arbeiter loslösen zu können. Ihre Fähigkeiten sollten in den Händen des Managements liegen. Der neue Arbeitsmensch sollte objektiviert und in Uhrwerk- und Maschinensprache neu definiert werden. Es erfolgte also eine beinahe vollständige Gleichsetzung von organischen Bewegungsabläufen und dem Ablauf der Bewegungen der Maschinen, wobei beide in ihren zwangsläufigen und vorgegebenen Abfolgen durch die Uhrzeit gemessen wurden.[106]

Das Charakteristische an der Zeit ist, dass sie sich in unserer Vorstellung verräumlicht. So wird sie als Zeitraum zu einer Strecke. Diese Verräumlichung impliziert eine Homogenität und Kausalität, die sich nicht ohne weiteres aus dem Bewusstsein der Menschen ableiten lässt. Die Verräumlichung aber diente einer instrumentell eingeengten, kalkulierenden Ratio, vor allem dem ökonomischen Geschäft und der positiven Wissenschaft wie wir am Beispiel des Taylorismus gesehen haben. Es war nun Henri Bergson (1859-1941), der gegen diese ihm früh erkennbare Tendenz zum Ausklang des 19. Jahrhunderts wirkte. Er wandte sich gegen eine Zerstückelung und Verkrümmung der Zeit, die darin lag, dass sie zu einer Domäne des allen in Quantitäten unzähliger Jetztpunkte auflösenden Intellekts wurde. Er schrieb der Zeitverräumlichung die lebensfeindlichen Eingriffe eines nur analytischen, kalten Verstandes in die spontane Zeit zu und setzte ihr die nicht zerstückelbare Dauer, die schöpferische durée entgegen. Bergson ging von dem

Verhältnis von Raum und Zeit aus, und er zeigte ihren tiefen Wesensunterschied.[107]

Für Bergson ist der Raum in sich homogen. Er stellt den Inbegriff gleichartiger Punkte dar, wo man beliebig von einem zum anderen gehen kann. Die Naturwissenschaft betrachtet nun in Wirklichkeit nur diesen homogenen Raum. Was sie unter Bewegung versteht, ist allein die Aufeinanderfolge der räumlichen Lage der Körper in ihm. Auch wo sie vorgibt, die Zeit zu messen, misst sie für Bergson nur Veränderungen im Raum. Die Zeit dagegen ist nicht homogen. Sie ist eine unumkehrbare Reihe, da ich in ihr nicht beliebig von einem Punkt zum anderen übergehen kann. Jeder Moment stellt etwas Unwiederholbares, Neues und Einmaliges dar. Die Zeit ist ein einziges Fließen, ein Werden, welches von der so genannten Zeit der Naturwissenschaft verschieden ist. Während der Raum ist, ist die Zeit nicht, sondern wird immerzu. Bergsons Theorie der inneren Zeit legt eine Besonderheit des Geistes dar. Seine Tätigkeit kann nicht über ein gewisses Maß hinaus auseinandergebrochen werden. Es ist nicht möglich, die innere Dauer, die durée in quantitativ homogene Einheiten auseinanderzunehmen. Nur der Raum kann in messbare Ausdehnungseinheiten zerlegt werden. Selbst das Phänomen der Bewegung im Raum kann nicht in homogene Einheiten aufgelöst werden, ohne dass man für die einzelnen „Bewegungsteile“ den durchlaufenden Raum substituiert. Ein Film besteht nur aus einzelnen Bildern, erscheint uns aber in seinem Ablauf durch die schnelle Aufeinanderfolge der einzelnen Bilder als Bewegung. Wir besitzen keine isolierten Wahrnehmungen, Vorstellungen, Gefühle oder Erfahrungen. Jede Erfahrung ist Erfahrung in einem Zusammenhang. Jede gegenwärtige Erfahrung hat ihren Sinn aus der Gesamtsumme vergangener Erfahrungen, die zu dieser gegenwärtigen Erfahrung führten. Aus dem oben Gesagten ergibt sich eine Dichotomie des menschlichen Erkenntnisvermögens, welche Raum und Zeit entsprechen.[108]

> „Daraus ergeben sich zuletzt, dass es zweierlei Mannigfaltigkeiten gibt: die der materiellen Gegenstände, die unmittelbar eine Zahl bildet, und die der Bewußtseinsvorgänge, die den Zahlenaspekt nur durch eine Vermittlung einer symbolischen Vorstellungsweise erlangen kann, bei der notwendig der Raum eine Rolle spielt.“[109]

Der Verstand ist dem Raum zugeordnet, sein Gegenstand ist die Materie. Die wirkliche Zeit, die reine Dauer, kann der Verstand allerdings nicht begreifen. Immer wenn dieser sich der Zeit zuwendet, überträgt er seine der räumlichen Materie entsprechenden Formen auf die Zeit. Er teilt sie auf in zähl- oder messbare Einheiten und verfälscht so ihren eigentlichen Charakter. Die reine Dauer können wir nach Bergson nur durch unsere Intuition erfassen. Aber aufgrund des häufigen Gebrauchs des reinen Verstandes, fällt es den Menschen schwer, sich von ihm loszureißen und das Fließen und Fortlaufen der Zeit zu erfühlen. Die Intuition dient nicht dem verstandespraktischen Handeln, sondern ist das Organ des erkennenden und anschauenden Menschen. Bergsons Begriff der durée, der erlebten Dauer, war dieserart auch eine geistvolle Polemik gegen den seriellen Charakter rationalen Denkens. Hier zeigt sich die geistesgeschichtliche Verwandtschaft Bergsons mit der alten Romantik, die sich in ähnlicher Distanz gegenüber dem Geist rationaler Naturwissenschaft und einer von ihr geprägten geistigen Atmosphäre befand. In Bergsons Unterscheidung zwischen der temps méchanique und der temps vécu wird die Differenz von objektiver und subjektiver, von äußerer und innerer Zeit, auf den Punkt gebracht. Bergson bildet weiterhin eine Schnittstelle zwischen Geistes-, und Naturwissenschaft, also zwischen den unterschiedlichen wissenschaftlichen Kulturen.[110] Wenn Illya Prigogine, jener nach der Zeit forschende Chemiker mit einem Nobelpreis für Physik, gegenwärtig über nicht-reversible Zeit schreibt, dann sagt er, Bergson sei bei ihm nicht ausgeschlossen, sondern enthalten.[111]

Bergson geht im Zusammenhang mit der Zeit übrigens auch auf die Freiheits- bzw. Determinismusfrage ein. Physiker haben die Möglichkeit, immer wieder die gleichen Anfangsbedingungen herzustellen, da die äußeren Gegenstände den Stempel der Zeit bzw. der gelebten Dauer nicht tragen. Für das Bewusstsein aber ist die Dauer etwas Wirkliches und ihre Spur wird von ihm festgehalten. Aus diesem Grund sind identische Anfangsbedingungen nicht möglich. Man kann nämlich aus der Ähnlichkeit zweier Zustände (z.B. Gefühle) nicht folgern, dass dieselbe Ursache dieselbe Wirkung hervorbringe, da dasselbe Gefühl schon allein dadurch, dass es sich wiederholt, d.h. einen anderen 'Zeitpunkt' besitzt, ein neues Gefühl ist. Dass man sich unter dem Einfluss derselben äußeren Bedingungen heute nicht wie gestern verhält, ist deutlich, da man Veränderungen erleidet, weil man dauert. Freie Handlungen vollziehen sich in der ablaufenden Zeit und nicht in der abgelaufenen! Aus diesem Grund kann zwar in der Nachschaue eine Kausalität hergestellt werden, nicht aber im Verlauf der Dauer bzw. der ablaufenden Zeit. Der Mensch handelt frei in der ablaufenden Zeit.[112]

Zu Beginn des 20. Jahrhunderts formulierte dann Albert Einstein (1879-1955), ein Zeitgenosse Bergsons, die Spezielle Relativitätstheorie, welche die damals in den Naturwissenschaften vertretene Vorstellung von Zeit und Raum einschneidend veränderte. In seiner 1905 erschienenen Arbeit brach er, in Anlehnung der Resultate von Lorentz und Poincaré, bewusst mit den Begriffen absoluter Raum und absolute Zeit. So wird die Zeit beeinflusst durch die Bewegung des Beobachters. Einstein stellte fest, dass für jeden Beobachter die in seinem System ruhende Uhr die richtige, wahre Zeit anzeigt. Jeder Beobachter muss aber akzeptieren, dass die Uhr in einem anderen, relativ zu ihm bewegten (Intertial) System, eine andere Zeit ausweist, die ebenfalls eine wahre Zeit für die darin befindlichen Beobachter ist. So existiert Zeit in seiner „Absolutheit“ immer nur relativ zu seinem Beobachter.[113] Sollten folglich zwei Beobachter, die sich in unterschiedlichen Bezugssystemen befinden, die Dauer zwischen zwei Ereignissen messen, kämen sie nach Einstein zu unterschiedlichen Ergebnissen. So wird auch deutlich, dass Zeit und Raum keine getrennt voneinander existierenden Größen sind, sondern voneinander abhängig. Einstein prägte den Begriff der Raumzeit und ersetzte damit die bis dahin getrennten Konzepte Raum und Zeit. Wechselt man jetzt in der Raumzeit das Bezugssystem, verwandelt sich die Zeit teilweise in Raum und der Raum teilweise in Zeit. Dieses Resultat steht im krassen Widerspruch zu unseren vertrauten Vorstellungen. Die Möglichkeit der Vermischung von Zeit und Raum wirkt befremdlich, da man im unproblematischen Alltagsverständnis weiß, dass die Zeit im Gegensatz zum Raum vergänglich ist. In dieser Weise scheint die Spezielle Relativitätstheorie auch der Kantschen These zu widersprechen, die Zeit und Raum als zwei unabhängig voneinander a priori Kategorien versteht.

Ein Dialog über Zeit und Relativität fand am 6. April 1922 zwischen Einstein und Bergson in der Société de Philosophie de Paris statt. „Behaupten Sie, von der Zeit zu sprechen, wie der gewöhnliche Mensch sie versteht?“ war die wesentliche Frage von Bergson an Einstein. „Die Frage ist folgende: Stimmt die Zeit des Philosophen mit der des Physikers überein?“ erwiderte Einstein darauf. Dann antwortete Einstein weiter, dass einzig die Wissenschaft die Wahrheit sage. Keine erlebte Erfahrung könne retten, was die Wissenschaft verneine. Bergson war von dieser kompromisslosen Antwort enttäuscht, da er gehofft hatte, dass sich Einstein von seinen Ansichten zur Zeit überzeugen ließe. In dem 1922 veröffentlichten Buch *Dauer und Simultanität* kritisiert Bergson nachdrücklich die physikalische Vorstellung von einer geometrischen, entwerteten Zeit, die sich auf den Augenblick gründet.[114]

Trotz Einsteins Erkenntnissen, die sich aus der Relativitätstheorie ergeben, ist festzuhalten, dass heute im alltäglichen Verständnis der Menschen weiterhin vorwiegend der mechanische, Newtonsche Zeitbegriff gilt.
Zum Anfang des 20. Jahrhunderts gewann nun der alte Begriff des Rhythmus erneut eine große Bedeutung und wird bis in die Gegenwart hinein zu einem Schlüsselbegriff. Die Erkennung, Wertung und Anwendung des Rhythmus ist eine Möglichkeit, sich von dem vorherrschenden linearen, vollkommen gleichmäßig gegliederten und weitgehend in kausaler Kontinuität gebundenen Zeitbewusstsein zu distanzieren. Einerseits ist die Wiederentdeckung zum Teil eine Fortsetzung früherer Ansätze in Biologie, Medizin, Psychologie und Pädagogik in Form einer formalen und methodischen Anregung über die Grenzen der wissenschaftlichen Disziplinen hinweg. Andererseits kommt ein allgemeines, steigendes Unbehagen am geistigen Klima der modernen Industriegesellschaft und des ihr zugrundeliegenden Zeitbewusstseins hinzu. Im Erleben des Rhythmus versucht man sich, von einem Zwang zu befreien, von der Herrschaft eines Taktes, einer einengenden, unschöpferischen Monotonie, der Nichtbeachtung natürlicher Regungen der Seele wie des Körpers, d.h. der Freiheit gegenüber den inneren Gesetzen des Lebendigen.[115]

Die Zeit als Linie

Es ist nun deutlich geworden, dass das gegenwärtige Zeitbewusstsein noch unmittelbar spürbare und nachweisbare Einflüsse aus mehr als zweitausend Jahren Kulturgeschichte aufweist. So sind die Zukunftshoffnung des alten Judentums, die heilsgeschichtlichen und eschatologischen Vorstellungen des Christentums und die eigentümliche Aneignung und Dynamisierung der Zeit durch das Selbstbewusstsein der Renaissance deutlich erkennbar. Ebenso verdeutlicht sich in unserem Zeitbewusstsein die Entdeckung der Zeit durch das kausale und kontinuierliche Denken der Naturwissenschaften und ihre Anwendung in der Technik; zudem ist in der Zeitnutzung der modernen Wirtschaft noch der Geist der protestantischen Ethik zu spüren ist. Durch sie wurde die lineare Zeit der christlichen Religion mit all ihren zyklischen Gehalten und ihrer geschlossenen Zukunft nach und nach säkularisiert und wurde so allmählich zu einer entqualifizierten, objektivierten und endlosen Zeit des Industriekapitalismus. Die Anfänge des Entwicklungsdenkens im ausgehenden 18. Jahrhundert und dann im 19. Jahrhundert werden durch Namen wie Lamarck, Darwin, Hegel oder Spencer repräsentiert. All diese einschneidenden Entwicklungen führten zur Dynamik des Fortschrittsdenkens, besonders in den letzten zwei Jahrhunderten.

Gerade der westliche Glaube an die großen Möglichkeiten des Fortschritts hat eben zwei wesentliche Voraussetzungen von denen keine entbehrt werden kann:

1. ein lineares, progressives, auf Kausalität und Kontinuität vertrauendes Zeitbewusstsein, und
2. ein starkes Selbstvertrauen des Einzelnen und der Gemeinschaft, das der eigenen Aktivität neue und verändernde Leistungen zutraut. Vorrangig der europäische Individualismus als Element der Unruhe von Einzelnen und Gemeinschaften ist die Kraft, die die Möglichkeiten der Zeit als Fähigkeit der Verbesserung und Veränderung erkannt und genutzt hat.[116]

Im Leben des modernen Menschen herrscht nicht mehr natur- und aufgabenbezogene Rhythmik, sondern die Eigendynamik der mechanischen und ökonomischen Zeiteinteilung. Dies gilt für die persönliche Zeit gleichermaßen wie für die soziale Zeit. Die Abkehr von der aufgabenbezogenen Zeitorientierung mit ihren Unregelmäßigkeiten im Wechsel von Zeiten höchster Arbeitsintensität, etwa in der Erntezeit, und ruhigeren Zeiten des Müßiggangs hin zum linearen Zeitbewusstsein war einerseits die Folge eines neuen Verständnisses der Rolle des Menschen in der Welt, und andererseits eine unausweichliche Begleiterscheinung der durch die industrielle Revolution veränderten Arbeitsbedingungen. Die Industrialisierung war eine kapitalistische Industrialisierung, sie erfolgte im Zeichen des Marktes.[117] Durch die Einführung von Maschinen ergab sich auch die Notwendigkeit einer neuen Arbeitsorganisation. Der Arbeitsprozess war nun auf die Maschinenzeit abzustimmen, auf den von der Maschine vorgegebenen (Zeit)Takt mit maschinell geregeltem Arbeitsanfang und Arbeitsende. Menschliche Bedürfnisse waren an diese Zeit anzupassen und an gegenwärtige und zukünftige Wünsche auszurichten.

Der industrielle Kapitalismus löste somit nicht nur das Abstraktum Zeit aus allen kulturellen und religiösen Sinnbezügen, sondern ließ auch die Arbeitszeit selbst zum Anhängsel der Maschinen werden, sei es als Indifferenz gegenüber dem Rhythmus von Tag und Nacht oder in der zerlegten, nicht mehr identifizierbaren Form des Produktionsprozesses. Arbeit orientierte sich nicht mehr an Aufgaben, welche es zu erledigen galt, sondern an Taktvorgaben der Maschinen. Ein Beleg für das neue Zeitbewusstsein findet sich im Auftauchen einer neuen Wertidee, dem Sicherheitsgedanken. Sicherheit war in der traditionellen Familienökonomie kein Thema, weil die Zukunft weder als offen noch als beständig prekär erlebt wurde. Nun aber galt es immer häufiger, über die eigene Selbstversorgungsmenge zu arbeiten.[118] Die Zeit, bisher offenbar für alle in ausreichendem Maße zur Verfügung stehend, wurde jetzt zu einem knappen Gut. Genau hierin liegt der Grund für ein Gefühl der steigenden Beschleunigung aller Lebensprozesse. Sie stammt aus dem Empfinden des Mangels am Bestehenden und Gewohnten. Zeit wird verstanden als Chance für Veränderungen im Sinne einer Steigerung oder Verbesserung des Lebens. Daraus folgt die Bemühung des „Homo faber"[119], die Zeit immer mehr zu intensivieren, die Zeiteinheiten mit mehr Erlebnissen oder Handlungen zu füllen.

Die Beschleunigung des Tempos gründet in einer Veränderung der Bedeutung, die den einzelnen Zeiteinheiten zugemessen wird. Wenn man in einer Stunde oder einem Tag mehr erlebt, leistet oder erreicht, wenn man geistig oder materiell diese Zeiteinheiten besser nutzt, ergibt sich dadurch eine Beschleunigung von Entwicklungen, die man als Steigerung des Lebenstempos erfährt. Mobilität ist in diesem Zusammenhang der Versuch, die technische Verfügbarkeit von Zeit und Raum zu optimieren. Eile ist dann die Verhaltens- und Lebensweise, die aus dem Bestreben resultiert, eine gegebene Zeitspanne mit immer mehr Versuchen der Wunscherfüllung zu beladen. Aus der Zeitüberladung resultiert die Zeitverknappung und dadurch auch der Zwang, der knappen Zeit durch Beschleunigung des Handelns bzw. durch Zeitökonomie gerecht zu werden. So ist nicht die Zeit Gegenstand der Beschleunigung, aber die qualitative Steigerung ihrer Inhalte erscheint quantitativ als Beschleunigung des Tempos.

Nun darf soziale Zeit trotz allem nicht als eine gleichmäßige, homogene Struktur verstanden werden; d.h. eine strikte Trennung von linearer und zyklischer Zeit ist auf sozialer Ebene unproduktiv, denn beide Zeitstrukturen besitzen eine soziale Bedeutung, und beide Zeitkonzeptionen sind in Gesellschaften enthalten. Dennoch ist das lineare Zeitverständnis und die damit verbundene Vorstellung von der fast grenzenlosen Planbarkeit, Kontrollierbarkeit und Machbarkeit aller technischen und sozialen Prozesse, die dominierende Lebensauffassung und das bestimmende soziale Ordnungsprinzip der Industriegesellschaften in Ost und West geworden. Habermas sieht, in Anlehnung an Adorno und Nietzsche, in der Aufwertung des Transistorischen, in dem Zelebrieren des Dynamismus, in der Verherrlichung der Aktualität und des Neuen ein ästhetisch motiviertes Zeitbewusstsein, dass die Sehnsucht nach einer unberührten, innehaltenden Gegenwart verspürt.[120] Wurde in der Phase der Industrialisierung vor allem Zeit mit Geld gleichgesetzt, resultierend aus der industriell-kapitalistischen Produktionslogik, und wurde Zeit so zu einem knappen Gut, wird sie nun selbst dynamisiert, wird zur beschleunigten Innovation. Nun ist in den letzten 100-200 Jahren durch das Auftreten immer neuerer medialer Anlagen[121] eine Veränderung bzw. Verdichtung in Bezug zur Übermittlung kultureller Inhalte, somit auch der Zeit bzw. dem Zeitbewusstsein, entstanden. Ihr Anliegen liegt in der Minimierung bzw. Löschung von zeitlichen und räumlichen Distanzen. Dies hat Konsequenzen für das Bewusstsein von Zeit. Mit anderen Worten:

> „Und der Gebrauch der neuen Medien, das Arbeiten, Denken und Leben mit ihnen ist mehr und etwas anderes als bloßes Fernsehen. Es gilt also, sich damit vertraut zu machen, dass Arbeit, Freizeit, Sehen, Empfinden, Erleben mit den neuen Medien die eingeübten Wahrnehmungs- und Empfindungsmöglichkeiten, die Zeiterfahrung grundlegend verändern."[122]

Medien wirken auf unsere Sinnestätigkeit, stellen durch die Technik einen gewissen Weltzugang her und berühren dadurch unser Verhältnis zur Wirklichkeit und die *Muster*, mit denen wir Wirklichkeit erfassen. Und da zu diesen *Mustern* auch die Zeit gehört, ist es nicht verwunderlich, dass mit Aufkommen und Dominanz der Neuen Medien sich auch die Zeitvorstellung in Richtung einer *Medienzeit* verändert.

IV. Medienzeit

Jede Handlung braucht Zeit und lässt Zeit vergehen. So ist Kommunikation nur möglich unter Einbeziehung der Zeit, sie ist eine Handlung, eine Operation, die in der Zeit stattfindet. Daher sind die Organisation von Zeit und ihre soziale Strukturierung wichtige Bestimmungselemente von Kommunikation. Sie zirkuliert somit einerseits in sich selbst, andererseits muss sie den Anschluss finden an andere Zeitorganisationsmuster und -strukturen, in die Menschen in ihrem Alltag eingebettet sind. In der Gegenwart ist Zeit knapp, und dies ist besonders überall dort spürbar, wo eine Überfülle an kommunikativen Angeboten eine strenggenommen beschränkte Aufnahmefähigkeit und ein ebenso beschränktes Zeitbudget der Kommunikationskonsumenten gegenüberstehen. Es ist eine Alltagserfahrung, dass angesichts der überwältigenden Möglichkeiten des Erlebens, Erfahrens, Kommunizierens und Konsumierens, all diese Möglichkeiten in einem beschränkten Vorrat an Zeit, letztlich innerhalb der eigenen begrenzten Lebenszeit unterzubringen sind.[123]

Gerade die Massenmedien spielen für die soziale Konstitution von Zeit bzw. Zeitbewusstsein eine zentrale Rolle, und dies in mehrfacher Hinsicht. Zunächst synchronisieren sie den gesellschaftlichen Kommunikationsprozess, indem sie in unterschiedlichen Periodizitätsequenzen immer neue Informationen und Interpretationen anbieten. Die Medien strukturieren und gliedern den Alltag; ihre Programmangebote legen ein temporales Gitter über die kalendarischen Einheiten, obwohl die Sendezeit, beispielsweise des Fernsehens, nicht homogen ist, sondern ihre Bewertung und Qualität vielmehr eng mit der sozialen Zeitstruktur und den zeitlichen Rhythmen des Zusehers verknüpft sind. Ihre strukturelle Funktion steht also in Wechselwirkung mit der sozialen Zeitstruktur.[124] Indem nun Medien die Möglichkeit bieten, Ereignisse, die an räumlich weit voneinander entfernten Orten stattfinden, annähernd simultan in die Wohnzimmer zu bringen und sie mit anderen Ereignissen, welche an anderen entfernten Orten stattfinden, eng zu verkoppeln, entsteht ein Zeitbewusstsein, das von einer örtlich begrenzten Lokalzeit zu einer Weltzeit drängt, die unter dem vermeintlichen Zeichen der Gleichzeitigkeit steht.[125] Zusätzlich erscheint das Zusammenziehen unterschiedlicher „Geschichts-Zeiten“ als Erweiterung der Gegenwarts-Zeit; sie wird zum ganzen Raum der Geschichte, besser: zum medialen Schauplatz aller Zeiten. Wenn folglich alles dazu strebt, gleichzeitig und gleich nah zu sein, kommt es zu Verdichtungen auf der Gegenwartsfläche. Der Mensch erlebt diese Verdichtungen zeitlich und räumlich als verwirrende Schrumpfung und Weitung der Gegenwart gleichermaßen. Das mediale Leitprinzip ist hier die Aktualisierung: räumlich entfernteste Daten des Weltgeschehens werden synchronisiert, und zeitlich Entferntes, vergangen oder zukünftig, kann in beliebigen Simulationen vergegenwärtigt werden. Auch Helga Nowotny sieht in den modernen Kommunikationstechnologien die unmittelbarste und sichtbarste Ursache für die Veränderung der menschlichen Zeitwahrnehmung, die zudem noch zum allmählichen Verschwinden der Kategorie Zukunft führt und durch etwas ersetzt wird, das sie die erstreckte Gegenwart nennt. Gerade die modernen Technologien fördern die Durchlässigkeit der Zeitgrenze zwischen Gegenwart und Zukunft und somit die zeitliche Dezentralisierung und Entkoppelung. Sie stehen in Büros und in Haushalten auf Abruf bereit und sind kontinuierlich präsent. Sie verändern die zeitlichen Wahrnehmungsmuster, und hierdurch werden allmählich andere soziale Zeitstrukturierungen benötigt, um sich der Anforderung kontinuierlicher Erreichbarkeit anzupassen und sich ihrer bedienen zu können.[126] Besonders durch den beschleunigten Umsatz von Waren und Bildern auf fernen Märkten droht das Gefühl für die zeitliche Dauer und die räumliche Entfernung zu schwinden. Das zeitliche Grundmaß von Bewegungen im Raum war bis zum Anfang des letzten Jahrhunderts grundsätzlich gebunden an natürliche Voraussetzungen, z.B. an körperliche Arbeit eines Tieres oder Menschen oder an die Nutzung von Windkraft durch Segelschiffe. Eine Änderung trat durch die Erfindung *automobiler* Bewegungsmaschinen, von der Eisenbahn bis zur Rakete, ein. Sie lösten uns aus der Gebundenheit an die natürliche Zeit und den natürlichen (Umgebungs-) Raum unseres Körpers. Durch das Hinzukommen der neuen Kommunikationsgeräte, vom Telegrafen bis zum Satelliten und von der Fotografie bis zum Computer, wird unsere zeitliche und räumliche Begrenztheit unseres Mitteilungs- und Wahrnehmungsfeldes fast bis ins Unermessliche erweitert. Das Aufkommen und die sukzessive Verbreitung der technischen Bild-Medien im 19. Jahrhundert haben das über Jahrhunderte stabile System symbolischer Repräsentation von Raum und Zeit erschüttert. Die neuen Medien revolutionierten die über die alten Medien konventionalisierten Muster raum-zeitlicher Darstellung im Medium des Buches.[127]

> „Ich denke, dass wir es in der Tendenz des gesamten Modernisierungsprozesses, zeitliche und räumliche Ferne zu vernichten, mit einer Erweiterung und Verdichtung des Gegenwarts- und Jetzt-Feldes zu tun haben. Alles tendiert dazu, Gegenwart zu sein, hier zu sein, jetzt zu geschehen. Vergangenheit und Zukunft werden inzwischen durch die bis zur Lichtgeschwindigkeit beschleunigten Vorgänge medialen Transports in Zuständen neuer Gleichzeitigkeit aktualisiert.“ [128]

Eine ähnliche Sichtweise findet man bei dem französischen Urbanisten Paul Virilio. Auch bei ihm zeigt sich die gängige These, obwohl diese unterschiedlich stark von den bekannten Autoren der postmodernen Medientheorie akzentuiert wird, dass sich eine mediale Modifikation bzw. Destruktion der Zeitlichkeit im Sinne einer tiefgreifenden Destabilisierung der zeitlichen Grundverfassung vollzieht. Nach Virilio ist nun in der Geschwindigkeit der modernisierten Personentransporte die vorletzte Stufe in der Geschichte der Geschwindigkeitsrevolution erreicht worden. Der Abstand ist im Zuge der Revolution des Transportwesens infolge immer größerer Beschleunigung kleiner und kleiner geworden. Die Raumdistanz wird so allmählich durch die Zeitdistanz ersetzt, wie man am Beispiel des Flugzeuges sieht: hier wird nicht mehr von der Raumentfernung gesprochen, sondern von der Zeitentfernung, d.h. von Flugstunden. Das Medium der Bewegung ist so letztlich nur noch der abstrakte, tote Raum, nur noch zugänglich in der Menge der Zeit, die wir brauchen, um ihn hinter uns zu lassen. Die modernen Verkehrssysteme bzw. -mittel überwinden, besser: ertragen oder erdulden Entfernungen und legen keine sinnlich wahrnehmbaren Wege mehr zurück. Sie sind nicht mehr in der Lage die Inhomogenität des Raumes zu vermitteln bzw. erfahrbar zu machen.

> „Die Errungenschaft der horizontalen ‚Fluchtgeschwindigkeit‘ befreit uns von der angeblichen Wirklichkeit der dritten Dimension. Die Geschwindigkeit befreit uns, indem sie uns von der Verzögerung der Reise befreit, im Grunde vom ‚Volumen‘ des Gegenstandes, der Orte wie der Umgebung.“[129]

Das Streben nach einer immer größeren Geschwindigkeit wird so folglich auch ein Streben nach der Vermeidung des Weges. So schirmt uns beispielsweise das Auto ab und vernichtet als Raum-Zeit-Wandler nicht nur die Sinnlichkeit des durchquerten Raumes, es löst uns auch aus der Rhythmik der natürlich vorgegebenen Zeit, es trennt uns – und stärker natürlich noch das Flugzeug – von der Unbill des Wetters, vom Wechsel des Tages und der Nacht, also von exogenen Rhythmen.[130] So lässt sich erkennen, dass der Naturraum und die Naturzeit als analoge Codierung von Wirklichkeit in dem Maße verloren gehen, wie die Denaturalisierung des Naturraums und der -zeit durch die neuen Techniken voranschreitet. Der Höhepunkt und damit die letzte Stufe ist erreicht, wo die „statischen Vehikel" der audiovisuellen Medien das Feld beherrschen. Es führt zu einer totalen Dynamik, zum rasenden, unaufhörlichen Eintreffen von Bildern, wobei diese Dynamik den Zuschauer zur Immobilität verurteilt. Alles kommt an, ohne dass die Notwendigkeit der Abfahrt noch bestünde. Gerade diese Geschwindigkeit setzt unsere Kenntnisnahme von Distanzen, zeitliche wie räumliche, außer Kraft, indem sie uns eine allgegenwärtige Nähe beschert, und sie entfernt uns von der wahrnehmbaren Wirklichkeit. Wir werden zu schwerelosen, unsichtbaren Wesen, die zur vollkommenen Sesshaftigkeit bestimmt sind. Es ergibt sich dergestalt nach Virilio eine umgekehrte Situation; am Ende des 20. Jahrhunderts und im Fortgang des 21. Jahrhunderts folgt auf die Mobilisierung der öffentlichen und privaten Transportmittel die Immobilisierung der Übertragungen, die häusliche Bewegungslosigkeit:

> „die bewegungslose Abgeschiedenheit des Ortes, aller geographischen Orte, die aus jeden von uns den *Teleakteur* macht, den Bewohner einer Zeit, die weniger diejenigen der Uhren und Kalender sein wird, als diejenige der *Realzeit*, die wahrer ist als die Natur, die uns augenblicklich aus dem Raum verbannt, aus diesem sehr wirklichen Raum, der gestern noch das Innen vom Außen trennte, das Zentrum von der Peripherie, so wie die Langzeiten es ermöglichten, die Ursache von der Wirkung zu unterscheiden. Genau das ist die *Kontrolle der Umwelt.*"[131]

Virilios medienphilosophische Basisdiagnose besagt demzufolge, dass die sich im 20. Jahrhundert ausbreitenden kinematischen Technologien auf eine radikale Auflösung jener Zeitstrukturen abzielen, die bisher als unhintergehbare Grundverfassung menschlicher Existenz gegolten haben. Er verbindet mit seiner Destruktionsthese die Vorstellung von einem „transhumanen Zeitregime der reinen Geschwindigkeit",[132] welches sich durch Fernseh- und Computernetze weltweit in die Seelen der Menschen einschreibt. Die folgenschwere apokalyptische Logik der abendländischen Technikgeschichte macht ihm zufolge den Übergang vom alten Gegensatz zwischen Natur- und Geschichtszeit zu einer neuen simulatorischen Einheitszeit der Technologie aus. Virilio sieht somit die Universalisierung und Vereinheitlichung der Zeit durch Wissenschaft und Technik als einen technologischen Sieg der simulativen Zeitstrukturen über die authentische Zeitlichkeit der Geschichte.

Es ist sicherlich Virilios Verdienst, dass die Diskussion über den Einfluss der elektronischen Medien auf unser Zeitbewusstsein intensiv in Gang gekommen ist. Unbestreitbar hat er wesentliche Aspekte dieses Problemfeldes ausformuliert und hervorgehoben. Dennoch bedarf es einiger Relativierungen seiner Thesen, da seine Überlegungen äußerst zugespitzt und mit überaus pauschalen Werturteilen verbunden sind. Obwohl seine Einsichten sehr weitsichtig sind, lassen manche Diagnosen an Differenziertheit vergessen. In Virilios Geschwindigkeitsspirale, in der ein digitales Zeitregime das andere ablöst, bleiben gerade konkrete Zeitgestalten und fundamentale Zeitstrukturen der Menschen unberücksichtigt, die nach wie vor mit den medialen Apparaten auf der Ebene analoger Wahrnehmungsverhältnisse umgehen und dies auch weiterhin tun werden. Die Komplexität und Vielfalt der sozialen Zeitstrukturen werden von ihm nicht genügend berücksichtigt. Ein medial moduliertes Zeitbewusstsein verdrängt in erster Linie zunächst nicht andere Zeitwahrnehmungen, sondern fügt sich in den gesamtgesellschaftlichen Zeitbewusstseins-Fundus ein. So deutet sich an dieser Stelle schon an, dass unsere Gesellschaft neben einem zyklischen, okkasionellen und linearen Zeitbewusstsein nun ein weiteres Zeitbewusstsein hervorbringt, nämlich ein medial moduliertes lineares Zeitbewusstsein.

Moderne Informations- und Kommunikationstechnologien haben neue Erlebnisräume geschaffen. Die Welt ist kleiner, verfügbarer geworden, ist zusammengewachsen und nähergerückt; dem Medienkonsumenten wird suggeriert, an dieser weltweiten Gleichzeitigkeit, an den vielen Möglichkeiten bzw. Ereignissen teilzunehmen; eine Illusion, die nötig ist, um bei ihm das Gefühl des Dabeiseins oder auch der Zugehörigkeit zu evozieren. Dem Wunsch, diese neuentworfenen Möglichkeiten zu nutzen, daran teilzuhaben, steht das Bewusstsein über die beschränkte Zeit, über die Endlichkeit der eigenen Lebenszeit gegenüber. Ein Grundelement des allgemein empfundenen Zeitmangels liegt auch in der zunehmenden Fülle von angebotenen Möglichkeiten, seine Zeit zu verbringen. „*Die Erweiterung des Möglichkeitshorizontes* ist somit ein wesentliches Element der 'Verheißung der Beschleunigung.'“[133] So wird jede getätigte Entscheidung für eine Möglichkeit auch zu einer Vernichtung der nicht ausgewählten Alternativen. Sobald man sich auf eine Möglichkeit, eine Information konzentriert, versagt man sich die Möglichkeit, sich auf eine andere zu konzentrieren.[134] So nimmt subjektiv gesehen das Gefühl zu, keine oder sehr wenig Zeit zu haben, von einem ‚Event' in das nächste zu taumeln, ohne die Zeit der Reflexion über das Erlebte zu haben. Letztlich ist diese radikale Pluralität der Möglichkeiten des Erfahrens und des Erlebens ein Charakteristikum für das, was man die Postmoderne nennt. Das Motiv der Pluralität war schon ein Stichwort der sogenannten Moderne, aber erst ihre Radikalität führte zur Postmoderne. Sie steht im Zentrum der Aufmerksamkeit, d.h. ihr werden auch kritische Töne entgegengebracht. So sieht Baudrillard, dass die Pluralisierung zur Uniformität führt, denn je mehr Möglichkeiten man schafft, je größer die Freiheit der Optionen wird, um so weniger Bedeutung haben die einzelnen Optionen, bis sie schließlich überhaupt nichts mehr bedeuten. Sie konsonieren schlussendlich im „anything goes", im Rauschen der Beliebigkeit.[135]

> „Unsere Situation verbindet nämlich eine Inflation, eine galoppierende Beschleunigung der Informationsvermittlung, eine schwindelerregende Mobilität und ein Übermaß der einfachsten Ausgangsbedingungen mit einer Tendenz zur totalen Entropie."[136]

Das Bereitstellen von Pluralität führt auf materieller Ebene zur Verkürzung der Kapitalumschlagzeiten, was wiederum für die Arbeitenden zu einer Beschleunigung und Intensivierung im Bereich des Neuerwerbs von Qualifikationen zur Bewältigung der neuen Arbeitsanforderungen, aber auch des Konsums im weitesten Sinne führt. Alles, vom Romanschreiben und Philosphieren bis zur Produktion industrieller Güter, hat sich der Herausforderung einer beschleunigten Umschlagszeit und der raschen Abschreibung traditioneller und historisch erworbener Werte zu stellen. So ist die überall spürbare, auch durch die Medien verursachte, Kontraktion der Zeit und des Raumes zu einem Kennzeichen des postmodernen Lebens geworden.[137] So kann man schon an dieser Stelle konstatieren, dass die Schnelligkeit der Fortbewegung, materiell wie immateriell, zu einem entscheidenden Element des menschlichen Zeitbewusstseins geworden ist. Auch wenn sich in diesem Prozess einzelne Antriebskräfte nur schwer gewichten lassen, so kann man schon sagen, dass die langfristige Beschleunigung des Zeitgefühls, durch die Massenmedien eine neue Qualität erreicht hat und sie dementsprechend eine wichtige Rolle in diesem Prozess einnehmen.

Der italienische Postmodernetheoretiker Gianni Vatimo vertritt die Hypothese, dass die Intensivierung der kommunikativen Phänomene, das Anwachsen des Informationsflusses bis zur zeitlichen Übereinstimmung der Live-Sendung für den Modernisierungsprozess nicht nur ein Aspekt unter vielen, sondern gleichsam dessen Zentrum darstellt. Der Begriff der Postmoderne hat für ihn eine Bedeutung, und diese ist an die Tatsache gebunden, dass die Gesellschaft in der wir leben eine Gesellschaft der generalisierten Kommunikation, eine Gesellschaft der Massenmedien ist. Die Massenmedien spielen für ihn eine entscheidende Rolle bei der Entstehung einer postmodernen Gesellschaft. Diese Gesellschaft lässt sich nicht als eine transparentere, selbstbewusstere und aufgeklärtere charakterisieren, sondern zunächst einmal als eine komplexere und chaotischere. Die Massenmedien sind zu Elementen einer allgemeinen Explosion und Vervielfältigung von Weltanschauungen und Deutungsmustern geworden und führen zunehmend zu einem Verlust des Realitätsinns bzw. der regelrechten Erschütterung des Realitätsprinzips in der Welt der Massenmedien.[138]

> „Die Gesellschaft der Massenmedien ist gerade aus diesen Gründen genau das Gegenteil einer aufgeklärteren, ‚gebildeteren' Gesellschaft (im Sinne Lessings oder Hegels); die Massenmedien, die theoretisch in der Lage sind, über alles, was in der Welt geschieht, ‚in realer Zeit' zu informieren, könnten in der Tat als konkrete Realisationsform von Hegels Absolutem Geist erscheinen, [...] so beeinträchtigt in der Tat die Intensivierung der Informationsmöglichkeiten im Verhältnis zur Wirklichkeit in ihren verschiedenartigsten Aspekten zunehmend jene Vorstellung einer Wirklichkeit.[139]

Unsere Gesellschaft ist also durch die Intensivierung des Informationsaustausches und durch die tendentielle Identifikation von Ereignis und Nachricht charakterisiert. Vatimos Hypothese beruft sich dergestalt auf die Thesen McLuhans, der meint, dass eine Gesellschaft sich durch die (Kommunikations-)Technologien, über die sie verfügt, definiert und charakterisiert. McLuhan verweist in seinem Buch *Wohin steuert die Welt? Massenmedien und Gesellschaftsstruktur* darauf, dass die elektrischen Medien Informationen und Menschen mit der Geschwindigkeit des Lichts beeinflussen. Diese sofort und total wirkende Qualität sei es, die den Zustand des Massenmenschen und der Massengesellschaft charakterisiere, eine Wirkung, die nicht so sehr durch die Größe als vielmehr durch die Schnelligkeit der Erfassung und Umfassung eintrete.[140]

Ist das Medium die Botschaft?

Nach Marshall McLuhans Formulierung „Das Medium ist die Botschaft" liegt die Medienwirkung nicht so sehr in der Übernahme gewisser Inhalte, sondern vielmehr im Erwerb allgemeiner, medientypischer Denkweisen. Vor allem in seinen Büchern *Die Gutenberg-Galaxy* und *Understanding Media* verdeutlicht er die Idee, dass die wesentliche Wirkung von Medien nicht in der Übertragung bzw. Übermittlung von bestimmten Inhalten liegt, sondern dass die Art und Weise der Informationsübermittlung das Denken der Mediennutzer verändere. Ausgehend von der Annahme, dass jedes Medium eine Ausweitung spezifischer Organfunktionen des Menschen darstellt, soll durch die Erfindung der Schrift die Bedeutung des Tastsinns und des Gehörs in der Kommunikation zurückgedrängt worden sein und sich der Schwerpunkt auf den visuellen Sinn verlagert haben. Das Alphabet und die Schrift werden vorwiegend durch das Auge aufgenommen. Informationen müssen nun in geordnete, serielle Anordnungen von Elementen bzw. Buchstaben übersetzt werden, die für sich genommen meist bedeutungslos sind. Diese so von der Schrift lancierte Abstraktionsleistung sei nun die Ursache für die rationale und analytisch-zergliedernde Denkweise, d.h. für die Linearisierung des Denkens in den westlichen Kulturen. Die Schrift und der Buchdruck haben hiernach eine überragende Bedeutung für die Organisation von menschlicher Erfahrung und Wissen; auf das individuelle Erinnern, das kollektive Gedächtnis und der Organisation des gesellschaftlichen Wissensvorrates. Der Buchdruck hat folglich zur Verstärkung und schließlich zu einer kulturellen Dominanz der visuellen Wahrnehmungsweise geführt. Die Linearität des Alphabetismus teilt die Welt wie auch die mechanische Uhr in geheime Zeitabschnitte ein, beide zergliedern die Welt in lauter visuelle Abschnitte. Erst in alphabetischen Kulturen sei deshalb ein chronologisches Bewusstsein von den Ereignissen möglich, die Linearität werde so eine kognitive Grundstruktur der Wahrnehmung. Mit der Erfindung des Buchdrucks erreichte dieser Vorgang McLuhan zufolge einen vorläufigen Höhepunkt, und er gibt dieser Epoche daher auch den Namen „Gutenberg-Zeitalter".[141] So konnte also erst durch das „Visualprimat"[142] der westlichen Kultur die beiden grundlegenden Koordinaten der westlichen Wahrnehmung entstehen: Einerseits das Konzept eines visuellen, neutralen, unendlichen und absoluten Raumes, andererseits das Modell einer linearen, gerichteten und irreversiblen Zeit. Während in der Antike Raum- und Zeiterfahrung noch ein mannigfaches strukturiertes Geflecht ausmachte, das an konkrete Lebenszusammenhänge gebunden blieb und sich mit diesen wandelte, wurde dieses Raum-Zeitkontinuum in der Neuzeit aufgelöst, von diesen Lebensverhältnissen abgekoppelt. Raum und Zeit wurden künstlich voneinander isoliert und der Raum als Definiens der Zeit gegenüber ausgezeichnet.

Fernsehnutzung und Zeitgefühl

Peter Winterhoff-Spurk ist in seiner Arbeit in der Tradition McLuhans der Frage nach der Wirkung des Fernsehens auf bestimmte kognitive Strukturen von Rezipienten nachgegangen, indem er untersuchte, ob unterschiedlich extensive und intensive Fernseh-Nutzung systematisch mit Raum-, Zeit-, und Personenvorstellungen von Zuschauern zusammenhängt.[143] In Bezug zu den Zeitvorstellungen kam er zu dem Ergebnis, dass seine Hypothese zur Kultivierung von Zeit-Schemata unter dem Einfluss des Fernsehens weder eindeutig verifiziert noch falsifiziert werden kann. Jugendliche mit unterschiedlichem TV-Konsum gaben keine signifikant unterschiedlichen Zeitschätzungen zu nicht-medialen Ereignissen ab. Sie unterschieden sich aber bei der Beurteilung von medialen Ereignissen (Filmen). Hier gaben die Seher-Gruppen mit hohem TV-Konsum tendenziell um so höhere Zeitschätzungen ab, je weniger medientypisch die gesehenen Filme hinsichtlich der Ereignisdichte (hier: Schnittfolge) waren. Seine Ergebnisse interpretierte Winterhoff-Spurk dahingehend, dass vermutlich zwar medientypische Zeit-Schemata kultiviert bzw. gelernt werden, diese jedoch auch nur gegenüber den Produkten des Mediums selbst zur Anwendung kommen.[144] Relativierend an Winterhoff-Spurks Ergebnissen ist allerdings, dass sie im wesentlichen auf Zeitschätzungen zielen, d.h. inwieweit ein höherer TV-Konsum zu länger erscheinenden Zeitstrecken mit geringer Ereignisdichte führen, und somit nur einen sehr kleinen Teil des menschlichen Zeitempfindens untersuchen. Auch Jürgen Wilke kommt in einer Sekundäranalyse zu dem Schluss, dass es deutliche Hinweise auf einen Zusammenhang zwischen Fernsehnutzung und sozialem Zeitgefühl gibt, dies aber nicht in einer monokausalen Form. Vielmehr scheinen ihm Differenzierungen und die Einbeziehung anderer Variablen notwendig, wie die Art der konsumierten Sendungen, das Alter der Rezipienten oder die verschiedenen Typen von Nutzern.

> „Ein beschleunigtes Zeitgefühl scheint demnach – bei Vorhandensein zusätzlicher Faktoren – doch durch das Ausmaß des Fernsehkonsums gefördert zu werden."[145]

Irene Neverla sieht, unabhängig davon wie Zeitstruktur und Fernsehnutzung einer Person im Alltag beschaffen sind, im Fernsehen das Medium einer Gesellschaft, die unter Zeitnot leidet.[146] Sie arbeitet heraus, dass die flexiblen Zeitstrategien, d.h. die Veränderungen im alltäglichen Zeitbewusstsein in den 50er und 60er Jahren des 20. Jahrhunderts, mit der Einführung der weltweit einsetzenden Ausbreitung des Fernsehens in Verbindung stehen und als Reaktionsbildung zu verstehen sind, welche sich im Laufe der über vierzigjährigen Fernsehära entwickelt haben. Sie versteht diese neuen Zeitumgangsformen nicht ausschließlich als eine ausgleichende Gegenbewegung, die auf die Erfahrung der künstlichen Zeit des Fernsehmediums reagiert, sondern auch als die Weiterentwicklung von Zeitmustern, die durch die zeitliche Binnenstruktur des Fernsehens selbst nahegelegt wird. Am Beispiel des Videoclips macht sie dies deutlich:

> „Mit der elektronischen Kommunikationstechnologie ist 'die Zeit nicht länger der Behälter der Dinge, in der sie verfließt'. Durch Zeitraffer, Stillstand, Rücklauf, welche von den Produzenten in den Sendern wie vom Publikum am heimischen Bildschirm mittels Videorecorder zum Einsatz gebracht werden können, werden die Ereignisse von ihren chronologischen Gestalten getrennt."[147]

Der Umgang der Menschen mit dem Medium Fernsehen ist immer auch Umgang mit dem Gegenstand Zeit. Jedes Fernsehverhalten fügt sich zwangsläufig in die Zeitrationalität. Der Grund hierfür liegt auch darin, dass das elektronische Medium Fernsehen selbst eine Materialisation der Zeitrationalität darstellt. Das Fernsehen ist derart ein besonderer sozialer Zeitgeber, eine Institution, die uns den Zeitverlauf des Alltags vor Augen führt. Im elektronischen Medium Fernsehen vergegenständlicht sich die ökonomische und abstrakte Zeitrationalität der Moderne besonders figurativ durch das, was Neverla als „Nullzeit“ und „Endloszeit“ bezeichnet. Mit Endloszeit ist gemeint, dass Bilder und Töne des Fernsehens rund um die Uhr und über das ganze Jahr hinweg verfügbar sind, immer auf Knopfdruck abrufbar, und dass die Bilder vorwärts oder rückwärts abgespielt, angehalten, verlangsamt, beschleunigt oder wiederholt werden können. Unter Nullzeit versteht sie, dass der Transport der Bilder, Töne und Botschaften keinerlei Zeitdauer in Anspruch nimmt, da durch die moderne Aufnahme- und Vermittlungstechnik eine Quasi-Synchronisation von Ereignis und Berichterstattung machbar ist und fast selbstverständlich und geradezu zum Diktum geworden ist.[148]

Trotzdem zeigt sich, dass die abstrakt-ökonomische Zeitrationalität im Fernsehprogramm nicht konsequent durchgehalten wird; denn im Gegensatz hierzu sorgt gerade die Zyklidität des Programms, wie sie sich in festen Sendeplätzen, im Seriencharakter von Nachrichtensendungen, Spielfilmen, Sportmagazinen etc. darstellt, für einen Wiedererkennungswert im hektischen Ablauf des Gesamtprogramms einerseits, und andererseits soll dem Nutzer so ein Gefühl von Gewohnheit gegeben und die Ausbildung von Handlungsroutinen erleichtert werden. Durch zyklische Zeitraster und eine homogene Programmstruktur soll ein jederzeit problemloser Einstieg in das Programm ermöglicht werden, der zugleich einer umfangreicheren Sekundärnutzung entgegenkommt und folglich Gelegenheitszeit bindet. Somit ist Periodizität die Voraussetzung für habitualisierte Mediennutzung, und diese Periodizität ist in starkem Maße an die lebensweltlichen Rhythmen einer Gesellschaft gebunden und ist zugleich ein wichtiger Teil von ihnen. In diesem Zusammenhang geht Klaus Beck auf das Verhältnis von Periodizität und Aktualität ein.[149] Er verdeutlicht, dass Periodizität tendenziell den Prozess der Aktualität erleichtert. Antizipatorische Planung und Organisation durch die Kommunikatoren sowie die Erwartbarkeit für den Rezipienten ermöglichen eine aktuelle nachrichtliche Berichterstattung in bestimmten formalen Grenzen. Gerade die Struktur des Nachrichtenwesens ist neben den Kriterien der Relevanz und des räumlichen oder lebensweltlichen Bezuges durch zwei temporale Attribute gekennzeichnet. Erstens von der Aktualität im Sinne des Unerwarteten und der kurzfristigen Dauer, und zweitens folgt die Nachrichtengebung, mit Ausnahme der Sondermeldung, einem festen Rhythmus, der durch die Periodizität der Erscheinungsweise oder die Rhythmen der Programmstruktur vorgegeben ist. Hierbei sind in der Regel die Nachrichten der Programm-Medien von gleicher Dauer, obwohl nicht immer die gleiche Menge relevanter Nachrichten vorliegt. In dem Aktualitätsgebot der Nachrichten-Medien deutet sich dann auch der Stellenwert der Neuheit, der Neu-Gier an: Die Bedeutung und der Wert der Neuartigkeit und der Aktualität beruhen auf der stillschweigenden Annahme, dass das Neue der Wahrheit näher steht als das Alte, oder: Das Neue steht unter Wahrheitsverdacht. Hier spiegelt sich der quantifizierbare und abstrakte Zeitbegriff und der Fortschrittsgedanke des 18. und 19. Jahrhunderts wider. Wenn Aktualität so zu einem Synonym für Neuigkeit und diese wiederum zu einem Synonym für Richtigkeit wird, dann folgt in der Konsequenz, dass Themen rasch verschleißen. lässt der Neuigkeitswert nach, ist also ein Thema nicht mehr aktuell, so verschwindet es von der medialen Bühne. Gerade die Massenmedien haben in ihrer Eigenschaft, Neuigkeiten so schnell wie möglich an ihr Publikum zu senden, besonders an dieser Entwicklung partizipiert. Die Geschwindigkeit ihrer Übermittlung war stets abhängig vom Stand der Verkehrs- und Übertragungstechnik. Fortschritte, die auf diesem Feld besonders seit dem 19. Jahrhundert gemacht wurden, ließen den zeitlichen Abstand zwischen Ereignissen und ihrer Wahrnehmung durch die Rezipienten schrumpfen. Die nachfolgende Tabelle verdeutlicht diese Entwicklung für die Presse:

Tabelle 1: Aktualitätsdichte der Nachrichten für die Presse.[150]

Zwischen Datum der Nachrichten und Datum der Zeitungsausgabe liegt/liegen ...	1622 %	1674 %	1736 %	1796 %	1856 %	1906 %
...ein Tag (auch vom gleichen Tag)	-	9	2	X	11	95
...zwei bis sieben Tage (Woche)	2	27	19	26	68	5
...mehr als eine bis zu zwei Wochen	20	46	57	63	16	-
...mehr als zwei Wochen bis zu einem Monat	73	18	20	10	5	-
...mehr als ein Monat	5	-	2	1	X	X
Summe	100	100	100	100	100	100
n (Anzahl der Nachrichten mit Datierung)	(434)	(399)	(514)	(638)	(1113)	(712)

Es wird deutlich, dass die zunehmende Verkürzung der Übermittlungszeit von Nachrichten entscheidend dazu beigetragen haben, dass sich Lebens- und Zeitgefühl der Menschen beschleunigen. Obendrein erhält durch die immer schneller werdende Periodizität, die zuletzt jeden Tag und bei den

Funkmedien gar stündlich etwas Neues versendet, wie oben bereits erwähnt, nur das einen Nachrichtenwert, was neu ist; nur die Veränderung ist das, worauf es ankommt. Medien vermitteln folglich nicht nur durch ihre schnell wechselnden Informationen, sondern auch durch ihre formalen Angebotsweisen ein Bild von sozialer Geschwindigkeit. Niklas Luhmann betont in diesem Zusammenhang:

> „Hinter den viel diskutierten Eigenarten moderner Zeitstrukturen wie Dominanz des Vergangenheit/Zukunft-Schemas, Uniformisierung der Weltzeit, Beschleunigung, Ausdehnung der Gleichzeitigkeit auf Ungleichzeitiges stecken also vermutlich neben der Geldwirtschaft die Massenmedien. Sie erzeugen die Zeit, die sie voraussetzen, und die Gesellschaft paßt sich dem an. Der geradezu neurotische Zwang in Wirtschaft, Politik, Wissenschaft und Kunst, etwas Neues bieten zu müssen (obwohl niemand weiß, woher die Neuheit kommt und wie groß der Vorrat ist), bietet dafür einen eindrucksvollen Beleg."[151]

Die Gegenwart als Stausee – Vilém Flusser

Eine besondere Sichtweise auf das Phänomen Zeit findet sich beim Medienphilosophen Vilém Flusser. Flussers Zeitvorstellung verdient daher ein besondere Betrachtung, weil sie fest in seine Medienkonzeption und seinem Entwurf einer telematischen Gesellschaft eingewoben ist, und weil Flusser – trotz aller medienkritischer Perspektiven – einen optimistischen Zukunftsentwurf auf Basis der neuen Medien entwirft, die er telematische Gesellschaft nennt. Flussers vielfältiges Werk behandelt unter anderem den Wandel der *Codes*, der sich in der Gegenwart beobachten lässt und auf der auch ein neues Zeitverständnis fußt. Durch den Code – also die Zeichen und Symbole – einer Gesellschaft spinnen die Menschen einen Schleier aus Bedeutung, welcher sich über die natürliche Welt legt und diese für den Menschen *begreifbar* macht.[152] Er prägt und entscheidet unseren Zugang zur Welt. Jeder Mensch innerhalb eines Codeuniversums ist durch den darin verwendeten Code vorgeprägt, vorgeformt und voreingestellt.

Flusser teilt nun vereinfacht die Kulturentwicklung in drei Stufen ein, die je von einem anderen Code dominiert waren. War es zunächst das gemalte Bild, welches die *Vorgeschichte* dominierte und als Erklärungsmodell ausreichte, wurde diese von der der Schrift abgelöst. Die Schrift lässt die *Geschichte* als zweite Stufe dieser Entwicklung beginnen. Die dritte Stufe ist nun die gegenwärtige Situation, an der wir an einer Schwelle zu einem neuen Zeitalter stehen und den Umbruch der Codes miterleben. Diese dritte Stufe nennt Flusser *Nachgeschichte*. Es sind die sog. Technobilder, die nun den alten Code der Schrift ablösen und damit die vormals durch die Schrift vorgegebene Linearität auflösen. Und jeder Übergang von einem Code zu einem neuen, ist mit einer Krise verbunden, da die Menschen zunächst den neuen Code erlernen und deuten müssen. Die dreistufige Kulturentwicklung mit dem Wandel der Codes – Flusser erweitert an anderer Stelle dieses vereinfachte Modell um eine fünfstufige Typologie – ist gekennzeichnet von einer zunehmenden Abstraktion und zunehmenden Entfremdung des Menschen vom Unmittelbaren und Konkreten.

Es gibt einen wesentlichen Unterschied zwischen dem alten, eindimensionalen, linearen Code der Schrift und der zweidimensionalen Codes der Bilder, die mit dem Aufkommen der Technobilder und ihrer Verbreitung, den eindimensionalen Code in Begriff sind abzulösen.[153] Beim eindimensionalen Code, der Schrift, geht man linear von Buchstabe zu Buchstabe, Wort zu Wort, Zeile zu Zeile, Absatz zu Absatz bis man das Ende des Textes erreicht hat. Die Botschaft vermittelt sich sukzessiv während dieses Prozesses und ist mit der Beendigung des Lesens des Textes abgeschlossen. Anders gestaltet sich das Erfassen bei einem Bild, einem zweidimensionalen Code. Dort ist die Botschaft auf der Oberfläche ausgebreitet und kann unmittelbar wahrgenommen werden. „Sie kann im Überblick, synchronisch und oberflächlich, empfangen werden, um dann später vielleicht im Detail analysiert und vertieft zu werden."[154] Die Botschaft ist sofort und unmittelbar verfügbar. Beide Formen der Codes besitzen demnach eine unterschiedliche Art und Weise der Entschlüsselung. Die Art der Entschlüsselung – synchron und unmittelbar oder diachron und prozessual – hat aber wesentlichen Einfluss auf die Botschaft selbst und die Welt, von der sie berichten. Denn der Code der Texte, der lineare Code, berichtet von einer historischen Welt und einem historischen Sinn. Der neue Code der Flächen hingegen ist und bleibt punktuell, sprunghaft und augenblicklich. Daher deutet sich mit dem Aufkommen und dem Durchsetzen der Technobilder und der Ausbildung der

Technoimagination auch ein neues Zeitbewusstsein an, die die herkömmliche – an einer Linie ausgerichtete – Zeitvorstellung ablöst.

An dieser Stelle deutet sich also erneut ein verändertes Zeitbewusstsein an, das mit dem Wechsel der Codes einher geht. Die Linie steht für die „Geschichte"; und das Mosaik, in das wir derzeit nur erst sporadisch tauchen, steht für die „Nachgeschichte". Beide besitzen eine unterschiedliche Zeitform und daraus unterschiedliche Kategorien, nämlich eine prozessuale für die herkömmliche Geschichte und eine zufällige, auf Möglichkeiten ausgerichtete für die Nachgeschichte; und unsere Krise der Kultur, die Flusser konstatiert, liegt darin begründet, dass wir die prozessuale Vorstellung auf die veränderte Situation, der Nachgeschichte anwenden wollen.

Beschauen wir daher abschließend nochmals kurz den Unterschied in den Zeitkategorien. Unsere Geschichte ist an einer Linie ausgerichtet, es gibt ein Vorher und Nachher, unsere Vorstellung von der Zeit ist die von einem Strom, der von der Vergangenheit über die Gegenwart in die Zukunft reicht. Wir haben diesen Strom, diese Linie eingeteilt in Abschnitte (Jahre, Monate, besondere Ereignisse), die es uns erleichtert, sie zu ordnen oder zu zählen. Jeder Augenblick erhält in diesem historischen Zusammenhang eine Einmaligkeit. Die Vorstellung der Zeit von Zeitpunkten, die aneinandergereiht eine Linie ergeben und sich von der Vergangenheit in Richtung Zukunft bewegen, führt dann auch zur Vorstellung von unmittelbarer Kausalität. Ein solches Zeitbewusstsein ist nun für „ein technoimaginäres Bewusstsein [...] der pure Wahnsinn".[155] Denn dort stellt sich die Zeit so dar, dass die Zukunft von allen Seiten in die Gegenwart dringt, sich *vergegenwärtigt*, und die Gegenwart damit als Zentrum der Zeit ausweist. Während in der Vorstellung der historischen Zeit die Gegenwart als ein Punkt auf einer Linie verstanden wird, den die Zeit durchläuft und damit die Gegenwart in einem Schwebezustand von einem Noch-Nicht und einem Nicht-Mehr verharrt und damit unwirklich ist, stellt sich dies in der Nachgeschichte anders dar. Dort ist die Gegenwart ein tatsächlicher Ort, „an welchem das nur Mögliche (die Zukunft) ankommt, um verwirklicht (eben gegenwärtig) zu werden."[156] Ein solches Zeitbewusstsein ist unmittelbar auf die Gegenwart bezogen, und die Gegenwart ist der Ort, an dem ich mich befinde, denn ich bin mir unmittelbar gegenwärtig. Auf welche Veränderungen deutet eine solche Sichtweise? Es ist in diesem Bild nicht mehr sinnvoll von einer Zeitrichtung, einem Zeitpfeil zu sprechen, da die Zukunft von allen Seiten auf mich einströmt und in der Gegenwart in mir konvergiert. Vergangenheit ist hier nicht eine weitere, unabhängige, dritte Zeitdimension, sondern ein Aspekt der Gegenwart;

nämlich eine Art Staudamm, ein Gedächtnis der Gegenwart. Vergangenheit ist dergestalt nur verdeckte Gegenwart. Und ein weiterer wichtiger Unterschied zur herkömmlichen Ansicht von Zeit ist, dass die Zukunft nicht mehr sinnhaft aus der Vergangenheit erklärt werden kann: „Die Zukunft kommt an, sie folgt nicht ‚aus' etwas."[157] Dennoch sind wir in der gegenwärtigen Situation noch nicht bereit, ein solches neues Zeiterlebnis anzuerkennen. Wir sind noch nicht bereit für eine unfortschrittliche und unhistorische Zukunft, auch wenn sich

> „allerorten beobachten [lässt], wie sich dieses technoimaginäre Zeiterleben äußert: in naturwissenschaftlichen, existentiellen usw. Theorien, im sogenannten ‚neuen Roman' und ‚neuen Theater' [...] Aber zugleich können wir beobachten, welch ein Chor von protestierenden, ja schimpfenden Stimmen sich erhebt [...] den Zeitbegriff tatsächlich vorstellbar zu machen. Das ist geradezu eine der Schwierigkeiten beim Versuch, unsere Krise zu überwinden".[158]

Bilder, Texte und Technobilder deuten dergestalt auf einen Wandel in der Wahrnehmung der Menschen von Welt hin. Denn mit dem Prozess der Änderung der Codes verändert sich sukzessiv auch unsere Weltwahrnehmung und unser Zeitbewusstsein.

Vergegenwärtigen wir uns nochmals Flussers Gedankengang:[159] Mit der Erfindung der Schrift traten die Menschen ins geschichtliche, lineare Zeitalter. Es ist eine Welt des Werdens, in der die Zeit von der Vergangenheit über einen punktartigen Zustand – der Gegenwart – in die Zukunft fließt und das Dasein von Weltveränderung und Verwirklichung geprägt ist. Es gibt keine Wiederholung, jeder Tag, jede Minute und jeder Augenblick ist einzigartig. Daher ist jede liegengelassene Zeit eine verlorene Möglichkeit des Verwirklichens. Für uns dominiert paradoxer Weise, so Flusser, die Vorstellung, dass die Zeit die Welt mit sich trägt, die Welt nicht ist, sondern in jedem Augenblick von Neuem wird. Dieses Zeitmodell führt Flusser auf die Erfindung der Schrift zurück. Das sequenzielle Niederschreiben und Festhalten führte zur Erfindung von „Geschichte", indem es Gedanken, die ihrem Wesen nach kreisen und springen, in eine kausale Abfolge zwängt. Das „mythische Denken" wird in ein historisches übergesetzt. Und das ist eine Zeitkonzeption, die derzeit immer noch dominiert, aber von einer neuen Zeitvorstellung allmählich abgelöst wird und damit übrigens auch das Schreiben überflüssig werden lässt: „Es macht keinen Sinn mehr zu schreiben, wenn ich nicht mehr linear denke.“[160]

Paradox ist unsere derzeitige Vorstellung der Zeit deshalb, da sie eigentlich unseren unmittelbaren Erfahrungen widerspricht. Denn nicht die Vergangenheit kommt an und durchläuft die Gegenwart, sondern umgekehrt kommt die Zukunft an und bewegt sich in die Vergangenheit. Die Gegenwart ist damit der zentrale Aspekt der Zeit, umgeben von der Zukunft, die aus allen Richtung auf sie einströmt. Und sie ist dergestalt kein Punkt, sondern der Ort der Wirklichkeit, in dem die Zeit ankommt, sich vergegenwärtigt. Damit ist die zentrale Kategorie der Zeit nicht die Vergangenheit oder die Zukunft, sondern die Gegenwart. Auf diese Weise steht das Sein vor dem Werden.

Das nachgeschichtliche Dasein, das mit den technischen Bildern begonnen hat sich auszubreiten und das historisch-lineare in Frage zu stellen, ist ein Feld von unzähligen, aber begrenzten Möglichkeiten, von denen sich einige verwirklichen und andere schlummernd darauf warten, wirklich zu werden. Es gibt keine Trennung mehr zwischen Zeit und Raum. Alle Zeit mündet letztlich in der Gegenwart; die Zukunft als Ort der noch unverwirklichten, aber nach und nach wirklich werdenden Möglichkeiten, und die Vergangenheit als bereits verwirklichte Gelegenheit. „[A]ber die Vergangenheit ist gegenwärtig im Sinn eines Staudamms verwirklichter Möglichkeiten. Zukunft und Vergangenheit sind ‚wirklich‘ nur, wenn sie vergegenwärtigt werden. Allein der Augenblick ist wirklich, er ist ein Knoten in dem ihn umgebenden Feld der Möglichkeiten.“[161]

Im Rahmen dieses Zeitbewusstseins ist es das Bild des Menschen als einen Spieler, Kreativen und einen Künstler, der die immer neuen auf ihn einströmenden Möglichkeiten aufnimmt, mit ihnen spielt und sie in Wirklichkeit übersetzt. Das Leben des Menschen ist dann nicht mehr so sehr nach festen Lebensabschnitten eingeteilt, obgleich es sie immer noch gibt, sondern ist ein Feld von Möglichkeiten, die auf Verwirklichung warten. Das Leben wird verstärkt situativ ausgestaltet und nicht mehr so sehr an in der Zukunft festliegenden Punkten. Der Mensch entwickelt sich nach Flusser vom „Subjekt zum Projekt“,[162] vom Unterworfenen (sub-ject) zum Entwerfer (pro-ject) seines Lebens. Das Leben ist ein zeitlich zu entwerfendes Projekt, das sich allerdings nicht mehr ohne weiteres linear – über feste Zeitpunkte, die aufeinander aufbauen – gestaltet, sondern durch eine situative Bestimmung von der eigenen Identität gekennzeichnet ist. Die postmoderne Identität ist keine feste, monolithische mehr, sondern ist eine fluide, offene und selbstgestaltete Identität. Hartmut Rosa betont in diesem Zusammenhang: „*Individualisierung* meint auch in ihrer spätmodernen Form die Steigerung von Wahlmöglichkeiten und Kontingenzen in Bezug auf die Gestaltung der eigenen Biografie, wobei diese Steigerung nun vor allem die Form einer freieren *Kombinierbarkeit* und einer leichteren *Revidierbarkeit* der Identitätsbausteine annimmt."[163] Das führt zu einer Veränderung der zeitlichen Orientierung. Denn ein situatives Ausrichten seiner Handlungen ist gerade davon gekennzeichnet, dass es sich weder an der Vergangenheit im Sinne eines sich linear entwickelnden Prozesses noch an der Zukunft als eines auf dieser Linie später stehenden Zeitpunktes orientiert. Vergangenheit und Zukunft verlieren an Gewicht, es ist die Gegenwart auf die sich alles konzentriert.

Medien und Wirklichkeit

Heute halten Medien mit ihrem Dauerangebot die Gesellschaft vierundzwanzig Stunden lang wach. Sie sind einer der entscheidenden sozialen Zeitgeber in entwickelten Gesellschaften geworden, da sie den Tageslauf strukturieren und den Empfang von Informationen synchronisieren. Ein Jugendlicher verbringt heutzutage bis zu seinem 18. Lebensjahr mehr Zeit vor dem Fernseher als in der Schule.[164] Es ist die immer wieder beschriebene Bilderflut, – vor allem jene – wie sie aus dem Fernsehschirm in die Köpfe und Gefühlshaushalte der Menschen strömt, welche eine simulierte, bildhaft konstruierte Wirklichkeit erzeugt, die sich für die wahre bzw. erste soziale Wirklichkeit ausgibt. Hier entsteht in den Köpfen der Rezipienten das, was gewöhnlich als zweite Realität bezeichnet wird, aber gegenüber der ersten, der erfahrungsgestützten, längst die Führung übernommen hat. Auch die kommunikativen Enklaven der Vis-à-vis Dialoge ändern kaum etwas daran, dass sich bei vielen öffentlichen Themen die Deutungs- und Informationsangebote der Massenmedien durchsetzen.

> „Ein großer Teil der Gesellschaftsmitglieder orientiert sich im Hinblick auf sein Verständnis der ‚Welt da draußen' heute unmittelbar an der durch die Medien konstruierten Wirklichkeit, ohne das auf diese Weise indirekt ‚Erlebte' bzw. ‚Erfahrene' im Gespräch mit anderen Menschen zu verifizieren."[165]

Eine Unterscheidung zwischen ferner Medien- und naher Erfahrungsrealität ist in den täglichen Handlungsprozessen immer weniger möglich. In der Tat umfasst das Aufkommen der Medien auch eine akzentuierte Oberflächlichkeit und Mobilität der Erfahrung, die sich mit der Tendenz zur Verallgemeinerung verbindet und so zu einer Art Schwächung des Realitätsbegriffs führt, andererseits aber auch zu einer Schwächung all seiner ihm inhärenten Zwänge. In Bezug zum Fernsehen erklären Reichertz und Unterberg:

> „Das Fern-Sehen bildet somit einen bedeutenden Faktor in einem sozialen und kulturellen Prozeß der Gestaltung und Strukturierung der Wirklichkeit. Es schafft eine Grundlage sozialen Handelns in einer vorstrukturierten Welt, die für die Gesellschaftsmitglieder ohne dieses Leid/tmedium kaum noch verarbeitet und interpretiert werden kann."[166]

Demzufolge werden Massenmedien auch zu einem Instrument der Wirklichkeitskonstruktion. Das Mehr an medialen Informatiosangeboten wird natürlich, aufgrund des beschränkten Zeitbudgets eines jeden einzelnen, durch einen relativen Verzicht auf eigene Erfahrungen erlangt. Derzeit scheinen die angebotenen Medieninhalte pro Generation 800 mal stärker zu steigen, als die biologisch begrenzte Rezeptionskapazität der Menschen.[167] Tests mit Erwachsenen verdeutlichen, dass das menschliche Gedächtnis sehr leicht zu beeinflussen ist. So meinen Erwachsene, häufiger als bislang für möglich gehalten, sich an Kindheitsereignisse erinnern zu können, die sie tatsächlich nicht erlebt haben. Laboruntersuchungen haben gezeigt, dass es vergleichsweise einfach ist, Menschen falsche Gedächtnisinhalte „einzupflanzen". Es gibt viele Hinweise, dass dies auch im alltäglichen Leben möglich ist, etwa durch Suggestivfragen bei Vernehmungen der Polizei oder in einer psychotherapeutischen Sitzung. Bereits einzelne Wörter innerhalb eines Fragesatzes können Erinnerungen prägen und evozieren. Es macht beispielsweise einen Unterschied, ob man den bestimmten oder unbestimmten Artikel benutzt: So zeigte sich in einem Experiment, in dem Versuchspersonen sich an einen Film erinnern sollten, dass die Frage „Sahen Sie den zerbrochenen Scheinwerfer?" zu mehr Erinnerungen an Glasbruch führte als die Frage „Sahen Sie einen zerbrochenen Scheinwerfer?" In der Realität des Films war gar kein Glas zerbrochen.[168] Aus diesem Grund kann es nun auch zu einer scheinbar problemlosen Aneignung der Medienangebote durch die Einzelnen kommen und dadurch zu einem veränderten Verhalten. Das Erleben aus zweiter Hand und die medial übermittelten Informationen erscheinen dem Rezipienten gerade nicht als etwas Fremdes, sondern sie vermischen sich mit unmittelbar, sinnlichen Erfahrungen und stehen mit diesen in einem Interdependenz-Verhältnis. Die Immaterialität des Bildschirms drängt die materielle Welt zurück, das Sichtbare wird dem Wirklichen gleichgesetzt und dieses wiederum dem Wahren.

So werden wir, nach Debray, die erste Zivilisation, die sich durch ihre Apparaturen für autorisiert hält, jenes zu glauben, was sie sieht. Im Zeitraum der „Videosphäre" ist, ihm zufolge, die virtuelle Existenzweise die Dominierende; Autorität geht hier von den Maschinen aus, Ziele werden durch Information und Innovation bestimmt.[169] Nowotny verweist in diesem Zusammenhang im Anschluss an Gernot Böhme auf einige grundlegende Strukturveränderungen, die durch die technische Zivilisation aufgetreten sind. Es zeigt sich eine Veränderung der Menschen zu sich selbst. Sie ist durch Verwissenschaftlichung charakterisiert, d.h., dass wir Menschen zunehmend eine Haltung zu uns selbst einnehmen, die ihren Ursprung in der wissenschaftlichen Distanzierung hat. In einer technischen Zivilisation zu leben, heißt in einer Umgebung zu leben, die eine objektive, rationale, nicht-emotionale Haltung einfordert. Eine Majorität unserer emotionalen Kapazität liegt entweder brach oder wird in eine imaginäre, von der realen Welt abgekoppelten verlagert, die ständig durch die Massenmedien produziert wird und deren Hauptfunktion darin besteht, emotionale Bedürfnisse zu befriedigen. Das Leben in einer solchen technischen Zivilisation kann zunächst weder als ein besseres Leben noch als ein nur durch Verluste gekennzeichnetes Leben beschrieben werden, sondern es ist eine andere Art des Lebens. Autofahren ist nicht beschleunigtes Wandern, Fotografie ist nicht eine präzise Art des Malens und der Gebrauch der neuen Medien, das Arbeiten, Denken und Handeln mit ihnen ist etwas anderes als reines Fernsehen. So gilt es, sich damit vertraut zu machen, dass Arbeit und Freizeit, Sehen, Empfinden und Erleben mit den neuen Medien die eingeübten Wahrnehmungs- und Empfindungsmöglichkeiten folglich auch die Zeiterfahrung grundlegend verändern.[170]

Was haben nun die technischen Vorgänge der zeitlich beschleunigten Aufzeichnung der Welt mit der Zeitlichkeit unserer Existenz, mit unserem sozialen Zeitbewusstsein und den sozialen Zeitmustern zu tun? Die interne Zeitlichkeit von technischen, medialen Vorgängen der Abtastung, Zerlegung, Übertragung und Digitalisierung von Wirklichkeit in den fortgeschrittenen Medien kann von der externen Zeitlichkeit sozialer Wirklichkeitsentwürfe

kaum bzw. nur mit Mühe unterschieden werden. Medien modulieren unser Zeitbewusstsein, und auf den verschiedenen technischen Niveaus, die sie im Laufe der Kulturgeschichte entwickelten, überwanden sie immer größere zeitliche und räumliche Distanzen und ersetzten körperliche Teilnahme an entfernten Orten durch die Präsenz von Bildern und Lauten. Diese Vorgänge werden als zeitliche Entgrenzung erfahren. Auch Norbert Elias sieht in der kulturgeschichtlichen Entwicklung des Zeitbewusstseins einen Wandel von einer diskontinuierlichen, situationsbezogenen, punktuellen Form des Zeitempfindens in Richtung auf ein zunehmend enger geknüpftes Zeitraster von hoher Allgemeinheit.[171]
Virilio erkennt sogar in dem Loslösen des *hier und jetzt* aus der Gegenwart ein Verbrechen der Telekommunikationstechniker:

> „*Die Gegenwart isoliert zu definieren heißt, sie zu töten,* schrieb einst Paul Klee... Ist es nicht ebendies Verbrechen, das die Techniker der Telekommunikation heute begehen, wenn sie die Gegenwart von ihrem ‚hier und jetzt' loslösen zugunsten eines austauschbaren Woanders, das nicht mehr das unserer konkreten Präsens auf der Welt ist, sondern nur noch das einer diskreten und intermittierenden Telepräsenz?"[172]

Die modernen elektronischen Medien verdichten alles Geschehen, so weit es zeitlich und räumlich voneinander entfernt sein mag, in das enge Feld des Aktuellen und Augenblicklichen. So kann man, wie weiter oben schon angedeutet, von einer Feldverdichtung oder einer Gegenwartsdehnung sprechen.[173] Hier wäre die im linearen Zeitmodell gegebene Vorstellung von Gegenwart als Grenzpunkt zwischen Vergangenheit und Zukunft nicht mehr angemessen. So deutet sich an, dass die herkömmlichen Begriffe wie *Pfeil* und *Linie*, die die traditionellen Zeitgrenzen beschreiben und als Bild tief in die Gesellschaft eingelassen sind, die sich sich nun herausbildende neue Zeitlichkeit der elektronischen Medien nicht mehr adäquat erfassen und dergestalt durch eine anderes Bild – der des Netzes – zunehmend ersetzt werden.

> „Die Prozesse der Synchronisation zeiträumlich entlegener Vorgänge und der ständigen Verknüpfung globaler Daten über Medien verlaufen nicht linear, sondern eher in netzförmiger Verzweigung. Statt von Punkt und Linie ist angemessener von Punkten und Feldern zu

sprechen; im Zeitfeld kommt es zu wechselnden Konstellationen einer Vielzahl von Zeitpunkten."[174]

Durch die elektronischen Medien, die Walter Hömberg statt als Fern- oder Schnellmedien als Tacho-Medien bezeichnet,[175] hat sich nun eine Gleichzeitigkeit etabliert, die eine neue Dimension der Medienzeit aufzeigt, nämlich die Simultaneität. In der Simultaneität bzw. ihrer Aktualität liegt folglich auch ein wichtiger Unterschied zwischen den Rundfunk- und Printmedien: der Zeitaspekt. Während der Zeitfaktor bei den Printmedien die Produktion und Distribution sowie das Geschehen und die Vermittlung voneinander trennt, tendiert er bei den Rundfunkmedien fast gegen null. Zugleich steigt bei ihnen die Informationsdichte erheblich an und zwar in zweifacher Hinsicht: Einerseits im unterschwelligen Bereich der Wahrnehmungskonstitution, beispielsweise der Geschwindigkeit der Bildfolge oder der Virtualität des Bildes, und andererseits hinsichtlich der Dichte schnell wechselnder Sinnzusammenhänge, d.h. der Wechsel der Einstellungen, Zooms oder Kamerafahrten.
Die Kommunikationspsychologin und Medienpädagogin Hertha Sturm hat in diesem Zusammenhang gezeigt, dass die Rezeption elektronischer Medien im Verhältnis zur alltäglichen Wahrnehmung durch fehlende Zeitintervalle im Umgang mit den jeweiligen Wahrnehmungsreizen markiert ist. Die in der Alltagswelt gegebene Möglichkeit der Antizipation des Geschehens, das Sich-Einstellen auf das Kommende ist im Fernsehen so ohne weiteres nicht mehr möglich. Die Zeit wird im Fernsehen komprimiert, und Handlungsabläufe werden zerstückelt. Szenen reißen scheinbar willkürlich ab; Rückblicke, Schnitte, Brüche, Großaufnahmen und Werbeeinblendungen folgen einander, ohne das sich der Zuschauer auf sie vorbereiten könnte. Die Dramaturgie des Fernsehens lässt für die Antizipation des Kommenden, Zukünftigen und die Herstellung von Sinnkontinuität nicht genug Zeit, es ist diese fehlende Halbsekunde, die die Fernsehwahrnehmung von unserer Alltagswahrnehmung unterscheidet. Die Dramaturgie des Fernsehens ist vielmehr durch die Irritation des Unerwarteten und des Plötzlichen gekennzeichnet.[176]

Die Zeit der Medien

Die Massenmedien können als ein Vermittler von sozialer Zeit, als Element des gesellschaftlichen Wissensvorrats, verstanden werden. So wird Medienhandeln auch zu einem Teil des Vermittlungsprozesses von sozialer Zeit in einer Gesellschaft. Nun beschränkt sich die Funktion der Massenmedien nicht nur auf eine Vermittlung von gesellschaftlichen Zeitkategorien, sondern Medienhandeln ist immer auch Umgang mit Zeit im Sinne einer zur Verfügung stehenden Quantität; Medienhandeln ist Verwendung von Lebenszeit, und die Massenmedien werden selbst zu einem sozialen Zeitgeber. Die Zeitquantität, die für das Rezipieren von Massenmedien aufgebracht wird, steht demnach nicht oder nur begrenzt für andere Erfahrungsrealitäten zur Verfügung. Die Vielfalt medialer Informationsangebote führt so, infolge eines begrenzten Zeitbudgets des Einzelnen, zu einem Verzicht eigener Erfahrungen; Erfahrungen werden rezipiert nicht gemacht. Hierdurch werden Massenmedien auch zu einem Instrument der Wirklichkeitskonstruktion; es werden Deutungsmuster transportiert, die nicht zwangsläufig durch Primärerfahrungen abgeglichen werden können, sondern nur in einer virtuellen Welt, einer zweiten Realität erfahren werden bzw. wurden. Neben diesem inhaltlichen Aspekt modulieren die Massenmedien das Zeitbewusstsein, besonders die elektronischen, weiterhin auch aufgrund ihrer strukturellen Beschaffenheit. Sie bieten die Möglichkeit, Raum und Zeit der verschiedensten Orte und Epochen beinahe simultan in die Wohnzimmer zu bringen.

> „Das Medium selbst ist die Botschaft. Das erklärt auch heute noch, warum wir die Tagesschau sehen, fast alles sofort wieder vergessen und uns dennoch gut informiert fühlen. Denn die eigentliche Botschaft ist Allgegenwart, eine Art abstrakter Weltzeitgenossenschaft. Tag für Tag wird der Welthorizont für uns abgetastet und alles Auffällige in bewegten Bildern gezeigt.“[177]

So entsteht ein Zeitbewusstsein, das von einer lokalen Zeit zu einer Weltzeit drängt. Die Gegenwart wird zum Konvergenzpunkt aller Zeiten und Orte, und diese hohe Ereignisdichte führt auch zu einer Gesellschaft, die unter Zeitnot leidet. Das hat zur Folge, dass unsere Kenntnisnahme von zeitlichen und räumlichen Distanzen außer Kraft gesetzt wird, da die Gegenwart uns eine allgegenwärtige Nähe vermittelt, die uns von der natürlichen, wahrnehmbaren Wirklichkeit entfernt. Es entsteht ein Gefühl der zeitlichen Entgrenzung. Die Null- und die Endloszeit in der uns Bilder und Töne, besonders im Fernsehen, rund um die Uhr erreichen und auf Knopfdruck abrufbar sind, werden zum Zwang totaler Aktualität. So entfaltet sich solcherart die fortschritts- und auf Neues bezogene abstrakt-ökonomische Zeitrationalität des 18. und 19. Jahrhunderts in den Massenmedien, obgleich in unterschiedlicher Qualität. Während im Medium Fernsehen oder dem Medium Radio diese Zeitrationalität nicht durchweg beibehalten wird bzw. werden kann und folglich auch Zyklidität und Periodizität ein grundlegende Rolle in der Programmstruktur spielen, sind die fundamentalen temporalen Grundstrukturen im Internet hiervon verschieden.

Während das Fernsehen seinen Rezipienten durch Programmstrukturen eine lineare Zeitschiene vorgibt, muss man in Bezug zum Internet von einer permanenten Präsenzzeit sprechen, die, beispielsweise in Form der Newsticker, eine pausenlose, gegenwärtige Aktualität vermittelt. Weiterhin werden die Nutzer des Internets nicht in vorgegebene Raum- und Zeitsimulationen hineingezwungen, sondern erfahren in Form von kommunikativen und schriftbasierten MUD´s- (Multi User Dungeon: Viel-Nutzer-Kerker) und MOO´s (Multi User Dungeon Object Oriented: objektorientierter Viel-Nutzer-Kerker)-Welten oder visualisierten Weltkreationen des Internets, wie man sie beispielsweise in dem Spiel *World of Warcraft* vorfindet, die Möglichkeit, Zeit und Raum selbst kreativ zu gestalten. Die oben angesprochene Präsenzzeit wird in diesem Zusammenhang durch die Selektivität des Nutzers zu einer gemeinschaftlich konstruierten Präsenzzeit. Der französische Hypermediaphilosoph Pierre Lévy hat das Internet als Herausbildung eines neuen Kommunikations-, Denk- und Arbeitsumfeldes beschrieben, das es uns erlaubt, in transgeographischen, transdisziplinären und translingualen Gemeinschaften gemeinsam zu denken und in Echtzeit auf unterschiedlichen Ebenen Lösungen für Probleme auszuhandeln. Hier herrscht ein neues Vokabular, neue Temporalitäten und neue Arten und Weisen der Welterzeugung.[178]

So verdeutlicht sich in der Grunddiagnose von Vattimo, Derrida Virilio, Flusser, McLuhan oder Lévy, wenn auch in unterschiedlicher Ausprägung, dass sich infolge der zunehmenden Medialisierung der menschlichen Zeiterfahrung, die Grundstrukturen des Welt- und Selbstverständnisses der Menschen ändern; obwohl man an dieser Stelle darauf hinweisen muss, dass man bei dem Versuch ein Bild der medialen Welt der Zukunft aus der Gegenwart zu extrapolieren, grundsätzlich gezwungen ist, sich mit hypothetischen Szenarien und spekulativen Entwürfen an zukünftige Zeit-, Medien- und Wahrnehmungsverhältnisse heranzutasten und folglich keine zwangsläufigen Entwicklungsverhältnisse beschrieben werden können. Weiterhin darf man nicht aus den Augen verlieren, dass die soziale Zeit einer Vielzahl von Einflüssen unterliegt, von der der Einfluss der Massenmedien zwar ein wichtiger und wesentlicher, aber auch einer unter anderen ist. So scheint zwar das lineare Zeitbewusstsein durch die Massenmedien auf der einen Seite teilweise eine wesentliche Schwächung zu erfahren und durch ein Zeitbewusstsein, das durch fluide Gegenwartsfelder geprägt ist, moduliert zu werden, andererseits sind Teile der Massenmedien selbst Materialisationen des abstraktökonomischen und auf Fortschritt ausgerichteten Zeitbewusstseins und manifestieren und verschärfen dieses durch die Art ihrer Vermittlung von Informationen, die auf Neues und Aktuelles ausgerichtet ist. Da die weite gesellschaftliche Realität geprägt ist durch die abstrakt-ökonomische Zeitrationalität, scheint der Einfluss der Massenmedien diesen Zustand einerseits eher zu verstärken. Andererseits tritt zu dem gesellschaftlichen Zeitbewusstsein, in der ja auch zyklische, linear-offene, linear-geschlossene und okkasionelle Anteile bzw. Zeitvorstellungen enthalten sind, nun ein zusätzliches Zeitbewusstsein; ein durch die Massenmedien moduliertes lineares Zeitbewusstsein, das nicht mehr dasselbe ist, wie vor dem Aufkommen und intensiven Nutzung der neuen Medien.

All diese Zeitbewusstseine stehen in einem interdependenten Verhältnis zueinander. In verschiedenen gesellschaftlichen Situationen finden sie ihre Anwendung, obgleich die lineare Vorstellung von Zeit eine dominante Rolle in diesem Prozess einnimmt. Ob durch den Einfluss der Massenmedien auf unser Zeitbewusstsein die Vorherrschaft des linear-offenen Zeitbewusstseins in unserer Gesellschaft abgelöst und durch ein medial-moduliertes lineares Zeitbewusstsein ersetzt wird, ist schwer zu prognostizieren, erscheint jedoch als folgerichtig – und ist zumindest für gewisse gesellschaftliche Bereiche schon jetzt sichtbar. Jedoch scheint dies generell in naher Zukunft noch nicht der Fall zu sein. So belegen auch die empirischen Untersuchungen von Winterhoff-Spurk oder Wilke, dass eine Veränderung des Zeitbewusstseins zunächst jedenfalls nur gegenüber den Produkten des Mediums selbst zur Anwendung kommt und eine gesamtgesellschaftliche Aufbrechung des linearen Zeitbewusstseins zunächst nicht zu erwarten ist. Die Aufbrechung ist derzeit aber punktuell – wie bereits dargestellt – zu beobachten und basiert auf der Beschleunigung des dominierenden linearen Zeitbewusstseins.

Ein Grund für die nur langsame Veränderung liegt vor allem in dem tiefgreifenden und umfassenden Einfluss der linearen Vorstellung von Zeit. Dieser Einfluss lässt sich gerade anhand der vielfältigen Folgen und Auswirkungen desselben verdeutlichen. Im nächsten Kapitel sollen deshalb einige Auswirkungen und Folgen des linearen Zeitbewusstseins veranschaulicht werden.

V. Folgen und Auswirkungen eines linearen Zeitbewusstseins

In den vorangegangenen Kapiteln wurden das Aufkommen und die Entwicklung eines linearen Zeitbewusstseins mit einem offenen Zukunftshorizont beschrieben und verschiedene Impulsgeber dieser Entwicklung lokalisiert. Auf die Auswirkungen und Folgen eines solchen Zeitbewusstseins ist bisher noch nicht explizit eingegangen worden, wenn auch vereinzelt einige Aspekte kontextspezifisch erwähnt wurden. An dieser Stelle sollen nun einige Konsequenzen aus der o.g. Entwicklung verdichtet werden.

Gerade die schon erwähnte ökonomische Verwendungslogik der abstrakt-linearen Zeit hat zu einer Krise der Zeiterfahrung[179] geführt, und diese hat viele Gesichter. Sie besteht nicht nur in der Unfähigkeit, Gegenwart zu erfahren und zu reflektieren, sondern lässt sich am alltäglich erlebten Stress der Menschen ablesen. Alles geht heute schneller als früher, wir sparen Zeit beim Transport von Gütern, Menschen und Informationen, beim Einkaufen, der Hausarbeit und sogar beim Essen (Fast Food). Wir haben folglich Unmengen an Zeit gewonnen, und zusätzlich ist die Lebenserwartung der Menschen heute wesentlich höher als die der Menschen vergangener Epochen. So sollten uns die modernen Verkehrsmittel und die schnellen Kommunikations-- und Zeitspartechnologien von dem Diktat der Uhr befreien und für mehr Muße sorgen. Trotzdem mag sich nicht das Gefühl einstellen, dass man mehr als genug Zeit im und zum Leben hat: Ganz im Gegenteil; wir gewinnen Zeitkontingente, haben aber das Gefühl, weniger als je zuvor zu haben. Genau dies ist die Folge der ökonomischen Verwendungslogik der linearen Zeit, sie ist „infinitesimal".[180] Statt mit der gewonnenen Zeit wie mit einem Geschenk umzugehen, das man nimmt und gedankenlos verbraucht, besteht ein unausgesprochener sozialer Zwang, gesparte Zeit wieder dort zu reinvestieren, wo sie gewonnen wurde. Dahinter steckt offenbar ein fundamentaler Umgang der Gesellschaft mit dem Faktor Zeit, d.h. eine allgemein gültige Optimierungsregel. Es ist der Einfluss der Gleichsetzung von Zeit und Geld, der dazu geführt hat, dass ein potentieller Gewinn nicht an sich selbst gemessen wird, sondern in Bezug gesetzt wird zum maximal erreichbaren Gewinn innerhalb der zur Verfügung stehenden Zeit. Gewonnene Zeit wird somit zu einer Verminderung des Gewinns, also ein Verlust, wenn sie nicht unverzüglich reinvestiert wird, um den maximal erreichbaren Gewinn anzustreben bzw. zu erreichen. Zusätzlich werden, je höher der potentielle Gewinn z.B. aus dem Betrieb einer Anlage ist, die Verluste durch Stillstandszeiten in Terms entgangener potentieller Gewinne größer. Ein sich damit einstellender paradoxer Effekt ist der, dass wir, je mehr Zeit wir gewinnen, sie um so effektiver einsetzen müssen. Anders ausgedrückt: Zeitökonomisches Handeln zieht eine verschärfte Zeitökonomie nach sich. Ein Beispiel aus dem Bereich der Hausarbeit verdeutlicht diesen Vorgang: Die zunehmenden technischen Verbesserungen führen nicht zu einer Herabsetzung des für die Hausarbeit aufgewendeten Gesamtzeitvolumens, sondern zu einer Verbesserung der haushälterischen Standards. Die Rationalisierungen führen zu einem Anstieg der Produktionsleistung, jedoch nicht zu der Befreiung von Arbeit bzw. der Reduktion des abzuleistenden Arbeitspensums. Gleiches gilt für die Rationalisierung des Einkaufs und der materiellen Güterversorgung. Das Entstehen von Supermärkten und Warenhäusern, in denen das Warensortiment abgesehen von einigen Ausnahmen auch unter zeitökonomischen Gesichtspunkten optimal zusammengestellt ist, hat den Zeitverbrauch für das Einkaufen nicht reduziert. Es entsteht vielmehr durch die marktwirtschaftliche Organisation der Güterverteilung und den Anstieg potentiell konsumierbarer Leistungen und Güter ein hoher Zeitverbrauch durch systemnotwendige Informations- und Suchzeiten, die eher zu einer noch weiteren Ausdehnung tendieren. Darüber hinaus darf nicht vergessen werden, dass die technischen Geräte, die uns die Arbeit erleichtern und uns Zeit sparen lassen sollen, selbst auch verdient werden müssen. Es muss also zunächst Zeit respektive Arbeitskraft eingesetzt werden, um dann in den vermeintlichen Genuss der Zeitersparnis zu gelangen.

Auch am Beispiel der Informationsdichte kann man sich die Logik des Infinitesimalprinzips weiter verdeutlichen. Die Informationsdichte hat in den letzten Jahrzehnten in außerordentlichem Maße zugenommen. Zwei Gründe waren hier ausschlaggebend. Einmal die erhöhte Produktion von Informationen wie sie durch wissenschaftliche Ergebnisse oder durch die Ausbreitung von Werbebotschaften produziert werden; zum anderen die Ausbreitung und steigende Effizienz der Informationstechniken wie Informationsübertragung und -speicherung.

Nun hat die Verbesserung der Informationstechniken jedoch nicht dazu geführt, dass bestimmte, als lebensnotwendige Menge erachtete Informationen in kürzerer Zeit und effektiver vermittelt werden, sondern im Gegenteil eine mengenmäßige Ausdehnung von Informationen bewirkt wurde.[181] Gerade dadurch, dass die Zeit durch Produktivitätssteigung und Handlungsintensivierung gewonnen wurde, also eine durch Mitteleinsatz erzeugte Zeit ist, die sich dann in vermehrter Freizeit niederschlägt, wird ein wachsender Zwang erzeugt, die gewonnene Zeit sinnvoller oder nützlicher zu verwenden. So bedürfen Zeitverwendungsmuster in einem sehr hohen Maße einer auf Rationalitätsmerkmale basierenden Rechtfertigung. Nicht rein zufällig zählen gerade jene Gruppen, die einen auffällig abweichenden Tagesrhythmus und nicht gängige Zeitverwendungsmuster haben, z.B. Arbeitslose, Rentner oder Studenten, nicht zum Kern der Gesellschaft und stehen häufig in einem Rechtfertigungszwang bezüglich ihrer Zeitverwendung. So versuchen Arbeitslose häufig noch lange nach ihrer Erwerbstätigkeit vermeintliche Normalität aufrecht zu halten, indem sie den Tagesablauf eines Berufstätigen simulieren. Wie sehr unser Alltag durch arbeitsbezogene Zeitkategorien geprägt und strukturiert ist, verdeutlicht sich auch in der Marienthalstudie.[182] Hier zeigte sich ein Zerfall des Zeitsinns bei langfristig Arbeitslosen. Die Studie beschreibt die Auswirkungen einer Massenarbeitslosigkeit in der Gemeinde Marienthal in Österreich mit 1500 Einwohnern. Durch den Niedergang eines Industriebetriebes wurden zeitgleich fast alle Erwerbstätigen des Dorfes arbeitslos. Hierdurch veranlasst, änderte sich der gesamte Lebensrhythmus und die dörfliche Zeitordnung. Durch den Verlust der Erwerbsarbeit verlief das Leben der Arbeitslosen von nun an ohne Perspektive und Zielsetzung. Gesellschaftliche zeitbezogene Orientierungspunkte gingen nach und nach verloren; dies führte zu einer Desozialisierung. Auch in ihren Bewegungen und Gesprächen schlug sich der Mangel an sozialer Gerichtetheit nieder. Die Ganggeschwindigkeit verringerte sich, sie blieben häufiger stehen, und Gespräche wurden langsamer geführt als vorher. Die abstrakt gegliederte Uhr-Zeit, die im Einklang stand mit der Fabrikarbeit, verlor nach einigen Wochen ihre Bedeutung und wurde durch eine eher natürlich-zyklische Zeitstruktur ersetzt.[183]

Zeitnot oder komplementär dazu das Gefühl der Beschleunigung im Alltag ist demnach nicht das Ergebnis eines inkompetenten Umgangs mit Zeit, sondern eher im Gegenteil das Ergebnis des rationalen Umgangs mit ihr. So kann in diesem Zusammenhang die Behauptung, die Individuen hätten durch den technischen Fortschritt und die gesteigerte Produktivität der letzten hundert Jahre unendlich viel Zeit gewonnen, sicher nicht geleugnet werden. Die rein quantitative Verfügbarkeit über nicht arbeitsgebundene Zeit ist für die meisten Menschen in den industrialisierten Ländern erheblich angewachsen. Dennoch sind wir aus oben genannten Gründen mit dem Phänomen konfrontiert, dass auch mit wachsender Freizeit unsere Zeitprobleme nicht geringer werden, sondern eher noch zunehmen.[184] Es scheint zwar befremdlich, aber konsequenterweise wird man das Zeitnotproblem nicht dadurch lösen können, dass die Zeit mehr, sondern ganz im Gegenteil weniger als bisher bewirtschaftet werden muss. Studien von Levine[185] verdeutlichen, dass die wichtigste Determinante für das Tempo, das an einem Ort herrscht, die Wirtschaft bzw. der Industrialisierungsgrad ist, neben denen aber auch eine größere Einwohnerzahl, ein kühleres Klima und eine auf Individualismus ausgerichtete kulturelle Orientierung eine Rolle spielen. Untersucht wurde die Gehgeschwindigkeit von Fußgängern, bestimmte Arbeitsabläufe am Arbeitsplatz und die Genauigkeit von zufällig ausgewählten Uhren an Bankgebäuden in wichtigen Geschäftsvierteln. Orte mit einer gut funktionierenden Wirtschaft wiesen ein tendenziell schnelleres Tempo auf. Die schnellsten und rastlosesten Menschen finden sich in den reichen nordamerikanischen, nordeuropäischen und asiatischen Nationen, die langsamsten in den Ländern der Dritten Welt, besonders in Süd-, Mittelamerika und im Nahen Osten. Menschen aus reicheren Staaten marschieren tatsächlich in einem schnelleren Takt als solche aus ärmeren Ländern. Ein schnelles Allgemeintempo ist demnach auf jeder Ebene eng mit dem materiellen Wohlstand eines Landes verbunden. Sicherlich kann man darüber mutmaßen, in welchem Grad das Lebenstempo vom wirtschaftlichen Umfeld abhängt oder umgekehrt. Und sicherlich hängt beides wechselseitig voneinander ab. Jene Gebiete mit einer aktiven Wirtschaft legen größeren Wert auf die Zeit und ihrer Genauigkeit; Orte an denen Zeit wertvoll ist, sind ein aussichtsreicher Kandidat für eine emsige Wirtschaft. Gerade die ökonomischen Variablen und das Tempo tendieren dazu, sich gegenseitig zu verstärken, das eine scheint nicht ohne das andere möglich.[186]

Nun hat sich der lineare Zeitbegriff bzw. das lineare Zeitbewusstsein derart in unserem Denken festgesetzt, dass es schwer fällt, sich eine Alternative vorzustellen. Gerade diese von der kapitalistischen Ökonomie der Zeit geprägte Lebensweise ist das Ergebnis einer erzwungenen Kontinuität und einer Enteignung des organisch-menschlichen Lebens- und Arbeitsrhythmus. Der Wandel von einer zyklisch-rhythmischen zu einer abstrakt-linearen Zeitorientierung bedeutete zugleich auch eine Veränderung des Charakters zeitlicher Zwänge. Solche zeitlichen Zwänge sind keine Besonderheit industrieller Gesellschaften. Auch in vorindustriellen, agrarischen Gesellschaften sind eine Reihe von nicht selbstbestimmten zeitlichen Zwängen und Rahmenbedingungen anzutreffen, z.B. die Erntezeit, die Abhängigkeit von den Jahreszeiten, der Wechsel von Tag und Nacht etc. Die Industrialisierung, die sich äußerlich in Form einer dampfenden und stampfenden Revolution der Produktion darstellte, wurde aber zugleich auch innerlich die strenge Disziplinierung des menschlichen Verhaltens in Bezug zur Zeit. Die Zeitdisziplin wanderte immer mehr von außen nach innen und die Anerkennung einer fremden Zeitlichkeit, die der Maschinen, wurde allmählich zu einer Gewohnheit, heute gleichsam zu einer zweiten Natur.[187] Zeitprobleme und -zwänge haben sich so von den äußeren, unveränderten Rhythmen der ersten Natur auf die gesellschaftlichen Strukturen des Rhythmus der zweiten Natur verschoben. Gerade diese Internalisierung von Zeitnormen, der Zwang zur Zeitdisziplin hat Systematik und gehört zu einer industriellen Gesellschaft genauso wie die Arbeitsteilung, die Maschinen und Fabriken. Entsprechend dieser neuen Zeitorientierung hat sich auch unsere Esskultur verändert. Mit der Durchsetzung der industriellen Arbeitsrhythmen wurden Mahlzeiten zunehmend zu einer reinen Nahrungsaufnahme entwertet, sie verloren ihre Bedeutung als Ort der Kommunikation, als gemeinschaftlicher Vorgang und rituelle Handlung. Wir sind heute vertraut mit der nicht mehr ganz so neuen Kultur der Schnellrestaurants, der Imbissbuden und Stehlokale, und auch dem Essen aus der Dose bzw. der Tiefkühlkost, welche man allgemein als Fast Food bezeichnen kann. Nun lässt sich diese Entwicklung nicht ohne weiteres als Unkultur abqualifizieren, da unter analytischen Aspekten sich gerade jene Form der Nahrungsaufnahme als adäquat und funktional erwiesen hat, in einer durch rationalen Umgang und von zeitlichen Zwängen strukturierten bzw. geprägten Lebensweise. Die Modernisierung der Gesellschaft hat zu einer allgemeinen Verschnellerung des Alltags geführt, denn Modernisierung der Gesellschaft lässt sich als Rationalisierung begreifen. Im Laufe dieses Prozesses werden immer auch neue Zeitmaße benötigt und eingeführt oder schon vorhandene Zeitmaße an den neuen Gegebenheiten angepasst. Ein wesentlicher Bestandteil der Modernisierung unserer Lebenswelt, der Wirtschafts- und Sozialstrukturen wird mehr und mehr die Reorganisation bisher gebräuchlicher Lebensrhythmen. Diese Reorganisation lässt sich im Sinne einer Entwicklung zu einer Rund-um-die-Uhr Gesellschaft begreifen. Bisher galten die Nachtstunden noch als naturbedingte, kollektive Ruhephasen, genauso wie die Tage Samstag und Sonntag, teils auch mit verschiedener Gewichtung, noch als allgemeine Phasen der Entspannung und Ruhe anerkannt wurden. Die Gesellschaft strebt eine Endstrukturierung, eine Entrhythmisierung bislang gebräuchlicher Zeitmuster an und wird zunehmend eine Gesellschaft, die rund um die Uhr, Tag und

Nacht geöffnet hat. Rinderspacher markiert vier Bereiche, in denen diese Tendenz im Sinne einer endogenen Entwicklungsdynamik weiter voranschreiten dürfte:[188]

- Einzelhandel und Dienstleistungen
- Verkehrswesen
- Medienangebot
- gewerbliche Produktion.

Im Einzelhandels- und Dienstleistungsbereich verdeutlicht sich dies in Bezug zur Liberalisierung der Öffnungszeiten. Im Bereich Verkehr schreitet die Ausdehnung des Güter- und Personenverkehrs in die Nachtstunden hinein weiter voran. Das Angebot der Sendeanstalten hat sich schon länger bis in die Nachtstunden hinein ausgeweitet und bedient den Konsumenten mit einem durchgängigen, 24-Stunden Programm. Tiefgreifender für die Konstitution des Menschen ist allerdings die Ausweitung der Nacht- und Schichtarbeit, die heute nicht mehr als eine Ausnahme in der Arbeitszeitorganisation bezeichnet werden kann, sondern einen festen Platz in vielen Betriebsdispositionen hat. Die Auswirkungen, die solch eine Wechselschicht auf die betroffenen Menschen hat, möchte das (über)nächste Kapitel veranschaulichen. Zuvor allerdings sollen zur Präzisierung dieses Gesichtspunktes einige allgemeine chronobiologische Aspekte expliziert werden.

Biorhythmus und Biozeitlichkeit

Wir mögen uns dessen bewusst sein oder nicht, unser Leben wird durch Rhythmik beherrscht. Laufen, Atmen, Essen, Schlafen, unser Kreislauf alles läuft nach biozeitlichen Regularitäten ab. Denn auch der Mensch hat sich, aller zivilisatorischen Errungenschaften zum Trotz, dem Einfluss bioklimatischer Faktoren nicht entziehen können; seine biologischen Funktionen schwingen mit Perioden der Umwelt synchron. So wie auch bei anderen Organismen sind die seit Millionen von Jahren auf der Erde herrschenden geophysikalischen Periodizitäten im Evolutionsprozess in den Erbanlagen der Menschen abgebildet.[189] Biologen kommen heute zu der Überzeugung, dass lebende Organismen eine Art Eigenzeit haben. Solchermaßen ist bei der Erfassung biologischer Vorgänge ein Grundproblem, dass sich diese Vorgänge nicht in ein Zeitsystem eintragen lassen, das der Logik der physikalischen

Zeit folgt.[190] Gerade der biologische Zeitpunkt interessiert nicht als ein Ort auf einer Zeitachse oder in einem Zeitsystem physikalischer Art, sondern ist mit diesem nicht kompatibel, da lebende Systeme nicht als reversible Systeme im Sinne der klassischen Mechanik betrachtet werden können.[191] Lebewesen sind durch unterschiedliche zeitliche Prozesse gekennzeichnet, wie beispielsweise den Metabolismus (Stoffwechsel), der Evolution und der Fortpflanzung. Unser Stoffwechsel ist durch biologische Uhren, die *circadianen* physiologischen Rhythmen, geprägt. Bisher lassen sich ungefähr 150 biologische Rhythmen des Menschen benennen, die an den Tag- und Nachtwechsel gekoppelt sind, u.a. die Körpertemperatur, der Blutdruck und die Harnausscheidung. Wir schlafen täglich 6-8 Stunden, 14-16 Stunden sind wir wach. Dieser Wechsel wird von einer Vielzahl von rhythmischen Veränderungen im Organismus begleitet. Unsere Körpertemperatur steigt über den Tag hin an und erreicht gegen Abend ein Maximum und am frühen Morgen, noch während des Schlafes, ein Minimum. So ist die Leistungsfähigkeit unterschiedlich auf den Tag verteilt aufgrund der unterschiedlichen Ausschüttung von Hormonen.[192] Hier spielt besonders die hormonelle Ausschüttung von Melatonin, das von der Zirbeldrüse produziert wird, eine fundamentale Rolle. Die Ausschüttung von Melatonin stellt nämlich ein inneres Signal für die Dunkelheit dar, auch wenn natürliche Bedingungen dem nicht entsprechen.[193] Unterschiedliche Versuche in den letzten 40 Jahren haben untersucht, wie wir uns verhalten, wenn wir dem Wechsel von Tag und Nacht nicht ausgesetzt sind, wenn wir über keine äußere Uhr, keine exogenen Rhythmen verfügen. Man ließ Versuchspersonen über Wochen von der Umwelt völlig isoliert leben, ohne Uhr, Radio und Fernsehen. Die Ergebnisse belegten, dass alle unter natürlichen Bedingungen beobachtbaren tagesperiodischen Prozesse erhalten bleiben; es bleibt beim regelhaften Wechsel zwischen Wachen und Schlafen in einem Verhältnis von 2/3 zu 1/3. Das wichtigste Ergebnis hierbei war, dass Wach- und Schlafzeiten zusammengenommen nicht 24 Stunden, sondern 25 Stunden ergeben. Die von der Umwelt isolierte Versuchsperson steht demnach jeden folgenden Tag eine Stunde später auf und geht auch eine Stunde später zu Bett. Diese Abweichung beweist, dass der Schlaf-Wachrhythmus nicht willkürlich von periodischen Faktoren der Umwelt gesteuert werden kann, sondern die Ursachen hierfür im Organismus selbst liegen. Diese physiologische Uhr geht, wenn sie sich selbst überlassen ist und nicht täglich korrigiert wird, etwas zu langsam. Daher auch die Bezeichnung *circadian* (lat. circa und dies = ungefährer Tag). Die Versuchspersonen bemerken hiervon allerdings nichts, die Mehrzahl ist davon überzeugt, dass sie nach einem 24 Stundentag leben.[194] Dass wir also im Alltag nach einem 24 Stunden Tag leben, zeigt, dass Umwelteinflüsse den circadianen Rhythmus beeinflussen, wir also tagtäglich durch unsere Umwelt synchronisiert werden.

Der menschliche Organismus hat zu jeder Tageszeit eine unterschiedliche physiko-chemische Struktur. Dies spielt gerade hinsichtlich der Einnahme von Medikamenten eine entscheidende Rolle. Die Wirkung von Arzneimitteln kann zu verschiedenen Tageszeiten nahezu entgegengesetzt sein. Gerade in der Krebs- und Bluthochdrucktherapie gibt es hierfür eindrucksvolle Beispiele. So wurde die alte Regel „3 mal täglich" von der Chronobiologie grundlegend überholt.[195] Das circadiane System ist träge, d.h. es ist nicht in der Lage, sich schnell und umfangreich umzustellen, sondern benötigt hierfür einige Zeit. Ein Beispiel dafür und für unsere zeitliche Synchronisation mit der Umwelt ist das Jetlag. Bei einem Flug von Frankfurt nach New York gewöhnen sich einige der biologischen Zyklen ziemlich rasch an die fünf Stunden Zeitunterschied; der Schlaf-Wach-Zyklus benötigt hierfür ungefähr 3-4 Tage. Es gibt aber Stoffwechselprozesse, die viel länger brauchen, bis sie mit der neuen Umgebung in Phase sind. So sind die inneren Uhren eine Weile nicht im Gleichtakt miteinander, und das führt zu dem Gefühl der Ermattung, das ein Zeichen der inneren Desynchronisation ist. In diesem Zusammenhang sollten Arbeitspläne an biologische Rhythmen angepasst werden. Fehlerhäufigkeiten bei arhythmischem Handeln und Verhalten im Flug- und Straßenverkehr sind zahlreich. Unfälle und Fehler passieren häufig durch Übermüdung und Einschlafen. So sind Kfz-Unfälle tagesperiodisch signifikant verteilt, ebenfalls Fehler von Piloten.[196] Nun fordert die Flexibilisierung der gesellschaftlichen Zeitstrukturen eine Kenntnis darüber, wer, wann, mit welchen Aufgaben beauftragt werden kann, denn die Leistungsfähigkeit und Konzentration des Menschen erreicht, wie wir gesehen haben, zu bestimmten Tageszeiten Werte, die bei verantwortungsvollen Überwachungsaufgaben (z.B. Kernkraftwerke) unabsehbare Folgen für eine Unzahl von Menschen haben können.

Entrhythmisierung durch Nacht- und Schichtarbeit

Die Erforschung der Biorhythmik des Menschen gewinnt nun auch dadurch an Bedeutung, dass mit der Durchsetzung der industriellen Produktionsweise, der Ausweitung des Transport- und Nachrichtenwesens u.a., ein Informationsbedarf besteht bezüglich der Reaktion des menschlichen Organismus unter den Bedingungen einer von den gewohnten Tag-Nacht-Rhythmen entkoppelten Arbeitsweise, wie dies bei der Nacht- oder Wechselschicht der Fall ist. In der Tradition Taylors wurden biorhythmische Vorgänge zunächst völlig ignoriert oder durch Sanktionen und Reglementierungen ausgeblendet. Die biologische Uhr des Menschen sollte nach dem linearen und gleichförmigen Takt der Maschinen und der Arbeitsorganisation gerichtet sein.[197] Die klassische Strategie des Kapitals, die Stückzahlen, d.h. die Produktion nach Auftragslage zu erweitern, setzt die Linearisierung der Zeit voraus und beinhaltet gleichzeitig die uneingeschränkte Autorität über die Zeit des Arbeiters. So lässt sich dann Schichtarbeit nicht als eine bloße Variante der Arbeitsorganisation begreifen, sondern als ein Eingriff in die Lebenszeit von Menschen. Für die Existenz von Schichtarbeitssystemen lassen sich zunächst drei grundlegende Ursachen nennen:[198] Bestimmte technische Herstellungsverfahren erfordern eine kontinuierliche Produktion rund um die Uhr, beispielsweise in der chemischen Produktion oder in der Hüttenindustrie. Hier würde ein Stillstand des Hochofens oder das Abstellen bzw. Unterbrechen von chemischen Reaktionen entweder zu unvertretbaren Kosten führen oder eine Produktion überhaupt nicht zulassen. Ein anderer Grund für die Verwendung von Schichtarbeitssystemen liegt in ihrer sozialen Notwendigkeit, z.B. im Verkehrs- und Krankenwesen, der Polizei oder der Feuerwehr. Die dritte und sicherlich wichtigste Ursache für den Einsatz von Schichtarbeit, ist aus rein ökonomischen Gründen zu erklären. Gerade dort, wo Produktionsstätten kapitalintensiv sind, legt eine rein ökonomische Überlegung nahe, Schichtarbeit einzuführen, um das eingesetzte Kapital in schnellstmöglicher Zeit zu amortisieren.

Was die Schichtarbeit für die Betroffenen bedeutet, zeigt sich zunächst an den psychischen und körperlichen Belastungen, die damit verbunden sind. Sie empfinden die Zeitstrukturen, die ihnen durch die Wechsel- oder Nachtschicht aufgezwungen werden, als unnatürlich. Sie erleben am eigenen Körper wie sehr diese Arbeitszeiten ihrem Biorhythmus entgegenwirken.[199] Die

Zeitstrukturen, die den Arbeitern durch die kontinuierliche Wechselschicht aufgezwungen werden, empfinden sie selbst als unnatürlich. So stellen sie am eigenen Leib fest wie sehr die wechselnden Arbeitszeiten dem eigenen Biorhythmus entgegenlaufen; weiterhin steht dem auch die Lebendigkeit der sozialen Umwelt entgegen. So weist exemplarisch ein Wechselschichtler darauf hin, dass es in einer Wohnung mit einem schreienden Säugling oder spielenden Kindern tagsüber unmöglich ist, die notwendige Ruhe zu finden.[200] Da der menschliche Organismus in seinen Funktionen auch an die herrschende soziale Zeitstruktur gebunden ist, leben Schichtarbeiter daher schon rein körperlich in einem permanenten Widerspruch und Spannungsfeld zwischen ihrer wechselnden Arbeitszeit, dem Zeitablauf der sozialen Umwelt und dem biologischen Rhythmus ihres Körpers. Wenn sich aus physiologischen Gründen ihre körperlichen Vorgänge verlangsamen und sich auf Ruhe einstellen, müssen Nachtschichtler gleiche Leistungsanforderungen erfüllen wie zu Zeiten hoher Leistungsbereitschaft am Tage. Ist ihr Körper demgegenüber biologisch wach und leistungsbereit und zusätzlich dazu die gesamte soziale Umwelt auf Aktivität eingerichtet, müssen sie schlafen. Gerade der Schlaf rückt bei Schichtarbeitern offensichtlich ins Zentrum des Alltags. Besonders die Notwendigkeit des Tagschlafs während der Nachtschichtperioden führt nicht nur zu einer räumlichen Abschottung aufgrund der ungewohnten Ruhezeit, sondern auch zu einer hierdurch verursachten sozialen Abschottung von der Umwelt. So gerät der Schichtarbeiter in das Spannungsfeld zweier Welten, die sich ohne weiteres nicht miteinander vereinbaren lassen. In der alltäglichen sozialen Welt kann er sich aufgrund seines Schlafrhythmus nur schwer anpassen, in der Welt des Schichtrhythmus steht der Beruf im Mittelpunkt. Soziale und kulturelle Interessen, wie z.B. eine aktive Vereinszugehörigkeit, Ehrenämter, soziale Kontakte usw., werden in den Hintergrund gedrängt und sind wegen unterschiedlicher Verfügbarkeit der Freizeit kaum zu koordinieren. So führt Schichtarbeit zu einem weitgehenden Verlust von aktiv gestaltbarer Zeit, zum Verlust von Lebenszeit. Aber:

> „Erst wenn Freizeit von der Arbeitszeit vollständig abgekoppelt ist, verändert die Freizeit ihren Charakter – erst dadurch eröffnet sie die in ihr liegenden Chancen, als Emanzipations- und gesellschaftliche Orientierungszeit wirklich angeeignet zu werden."[201]

Erstaunlich erscheint hieran, dass in Gesellschaften, in denen immer mehr Menschen ein abweichender Zeitrhythmus aufgezwungen wird, der Normalarbeitstag nach wie vor die soziale Zeitstruktur bestimmt.[202] Aber gerade der traditionelle Normalarbeitstag ist heute ein auslaufendes Modell. Über viele Jahrzehnte hinweg waren der Arbeitstag und die Arbeitswoche mit stets gleichen Arbeitszeiten und -rhythmen die Regel; charakteristisch waren acht Stunden Arbeit pro Tag, fünf Tage in der Woche, vorgegeben durch technisch und organisatorisch bedingte betriebliche Abläufe. Heute arbeiten nur noch 17% aller Beschäftigten in der BRD innerhalb eines solchen Normalarbeitstages. Für die Mehrheit der Arbeitnehmer gelten unterschiedlich flexible Formen der Arbeitszeitgestaltung, von der Gleitzeit, über Wechselschicht bis hin zur Teilzeitarbeit. Auf die Nacht- und Wechselschicht beschränkt, leisteten im Jahr 1995 rund 15,7 Millionen Erwerbstätige der BRD (unregelmäßige) Schicht-, Nacht- und Wochenendarbeit; das sind ungefähr 43,5% aller Erwerbstätigen.[203] Diese Entwicklung hat sich in den letzten 15 Jahren nicht verändert.

Nun wirkt sich der Schichtplan nicht nur auf den Arbeitenden selber aus, sondern hat natürlich auch Auswirkungen auf seine Familie; der Schichtplan fließt in die gesamte Organisation des Familienalltags ein. Die gesamte Familie muss sich nach den Regenerations- und Arbeitszeiten des Mannes/der Frau richten. Wenn er/sie tagsüber schläft, darf kein Lärm in der Wohnung sein. Nicht nur Kinder müssen in einen solchen Ablauf eingebunden werden, auch geräuschvolle Hausarbeit, wie beispielsweise das Staubsaugen, müssen in der Zeit ausgeführt werden, in der der Mann/die Frau wach ist oder das Haus verlassen hat. Zusätzlich müssen auch die Mahlzeiten auf den Schichtplan abgestimmt werden. Es erweist sich somit als äußerst problembelastet, wenn ein Familienmitglied in einem Wechselschichtsystem arbeitet, während die anderen Familienmitglieder einen normalen Tagesablauf und Arbeitsrhythmus haben. Man kann folglich konstatieren, dass Schichtarbeit den Betroffenen Zeitstrukturen aufzwingt, die nicht nur der herrschenden sozialen Zeit entgegenläuft, sondern auch ihrem biologischen Rhythmus. Der Tatbestand, dass Schichtarbeiter fortlaufend zu Arbeitszeiten gefordert sind, die nicht dem biologischen Rhythmus ihres Körpers entsprechen, hat für die Betroffenen auf lange Sicht wesentliche gesundheitliche Folgen. Gerade über die gesundheitlichen Auswirkungen, welche die Schichtarbeit mit sich bringt, besteht nur geringe Skepsis.

Einigkeit besteht darin, dass der Mensch auch bei langer Gewöhnung seinen circadianen Rhythmus physiologisch nicht umkehren kann, d.h., die biologisch aktiven Phasen nicht in die Nacht hinein verlegt werden können und die passiven in den Morgen. Gesundheitliche Symptome, die häufig bei Schichtarbeitern zu beobachten sind, weisen auf die Störung biologischer Zyklen hin: es sind Kreislauf- und Verdauungsprobleme und auch Störungen des Atmungssystems; alle drei sind lebenswichtige Zyklen des menschlichen Organismus.[204] So kann man aus medizinischen Überlegungen festhalten, dass Nacht- und Schichtarbeit grundsätzlich überall dort abgelehnt werden sollte, wo keine zwingende Notwendigkeit hierzu besteht. Da aber gerade die linear-ökonomische Disposition und nicht die rhythmisch-gesundheitliche Konstitution den übergeordneten Relevanzrahmen in unserer Gesellschaft bildet, ist in dieser Sichtweise immer eine Notwendigkeit für die Schichtarbeit gegeben. Der natürliche Rhythmus muss sich der künstlichen Linearität unterordnen. Zur Verhütung und Verminderung von Folgeproblemen werden allerdings einige Aspekte angeführt. Diese Konsequenzen betreffen einerseits die Anpassung der Arbeitsgeschwindigkeit an den Tagesgang der Leistungsbereitschaft, und andererseits die Durchführung organisatorischer und personeller Maßnahmen zur Überwindung der durch Nacht- und Schichtarbeit entstehenden sozialen, psychischen und gesundheitlichen Belastungen. So soll eine Personalselektion durchgeführt werden, die es ermöglichen soll nur solche Arbeiter in Schicht arbeiten zu lassen, deren biologische Konstitution dafür geeignet erscheint. So glaubt die Arbeitsmedizin auf der Grundlage von Untersuchungen verschiedene Personentypen identifiziert zu haben, denen die Nachtarbeit eher zuzumuten ist als anderen. Es wird hier zwischen Morgen-Typen (Lerchen) und Abend-Typen (Eulen) unterschieden. Während die Lerche in der Regel morgens früh aufwacht, unmittelbar leistungsfähig ist und am Nachmittag zunehmend nachlässt, ist es bei der Eule umgekehrt. Sie wacht eher später auf und braucht einige Zeit, um seine Leistungsfähigkeit abrufen zu können. Das Leistungsmaximum ist dann eher am Abend erreicht, Müdigkeit stellt sich erst spät ein.

In der Arbeitsmedizin wird weiterhin eine koordinierte gesundheitliche Überwachung zur Früherkennung von Gesundheitsschäden und folglich zur Verminderung von spezifischen Krankheiten diskutiert. Zudem werden differenzierte Schichtarbeitspläne zur Herabsetzung des Gesundheitsrisikos und der sozialen Desintegration der Schichtarbeiter erörtert. Zur Verbesserung der sozialen Lebenssituation von Schichtarbeitern werden unter anderem eine bevorzugte Belieferung der Schichtarbeiter mit bestimmten Dienstleistungen, angepasste Öffnungszeiten von Kinos, Bibliotheken, Freizeitzentren und Sportstätten diskutiert oder auch die Verlängerung des Urlaubs und vorrangige Vergabe von Ferienplätzen an Schichtarbeiter sowie vorbeugende Erholungskuren.[205]

Es lässt sich nun konstatieren, dass in dieser Weise Nacht- und Schichtarbeit hervorstechende Ergebnisse einer Entrhythmisierung des Menschen durch ein lineares Zeitbewusstsein sind:

> „Ent-Rhythmisierung ist das Programm der sich aufgeklärt wähnenden Industriegesellschaft, an dem wir das, was üblicherweise ‚Fortschritt' genannt wird, festmachen. Der zentrale Einflußfaktor für die Ent-Rhythmisierung ist die weltweit feststellbare Beschleunigung der Lebensabläufe, speziell der Arbeitsprozesse. Das ‚Immer und Überall' ist das Wasserzeichen der dominierenden kapitalistischen Ökonomie, die die Beschleunigungsdynamik ursächlich bestimmt."[206]

Die Entrhythmisierung durch das Voranschreiten ausgerichtet an einer Linie, das, was man gemeinhin den Fortschritt nennt, bringt zudem weitere Probleme mit sich; die der Müllproduktion und der Orientierungsschwierigkeit.

Der Fortschritt als Müll- und Orientierungsproblem

Der Begriff des Fortschritts wurde bereits angesprochen. Im 18. Jahrhundert konstituierte er sich und es bildete sich zunehmend ein auf Beschleunigung zielendes dynamisches Zeitbewusstsein aus. Das Handeln richtete sich optimistisch auf das Neue, auf eine offene Zukunft hin. Nun verdeckt aber der positive Assoziationsgehalt des Wortes *Fortschritt* seine eigentliche Bedeutung: das Fortschreiten, das möglichst schnelle Wegkommen von dem Ort, an dem man sich befindet.[207] Hier deutet sich schon an, dass dem linearen Zeitdenken eine habitualisierte Unzufriedenheit immanent ist. Das Positive, die Vision von einer besseren Welt zeigt sich immer erst im zweiten Denkschritt; am Anfang steht zunächst immer die Negation des Gegenwärtigen, die Unzufriedenheit mit dem *Standpunkt.* Die Gegegenwart wird als verbesserungswürdig erachtet. Wir wissen heute, dass die Idee einer offenen, d.h. selbstbewusst und selbstverantwortlich zu gestaltenden Zukunft wie sie in der Philosophie der Aufklärung formuliert wurde, in der Realität der bürgerlichen Gesellschaft mehr ins Gegenteil umschlägt. Fortschritt ist zu einer linearen Bewegung durch die Zeit geworden, dessen Antrieb nicht mehr die Annäherung an ein „vernünftiges" Ziel ist, sondern die schnelle Entfernung von einem beliebigen Ausgangspunkt.[208] Die Zukunft entwickelt sich so zu einem surrealen Konvergenzpunkt einer gesellschaftlichen Dynamik, in der zwanghaftes Wachstum, technischer Größenwahn und Rigorismus zum Selbstzweck geworden sind. Die Lebensdauer technischer Geräte wird immer häufiger vom schneller werdenden Tempo des Fortschritts eingeholt, so dass daraus folgend Produktionsausrüstungen aus Rationalisierungszwängen immer häufiger in kürzeren Fristen ausgetauscht werden müssen als kalkulatorisch ursprünglich veranschlagt. Aber nicht nur in Bezug zur technischen Produktion lässt sich eine verkürzte Lebensdauer feststellen, sondern auch in der Entwicklung von wissenschaftlicher Literatur. Die Halbwertzeit von wissenschaftlicher Literatur verkürzt sich mit zunehmender Dynamik des Forschungsprozesses; die Zahl der Jahre, die vergeht, bis die Hälfte eines Lehrbuchs letzter Auflage in einer Fachdisziplin als veraltet gilt, verkürzt sich mehr und mehr.[209] Der tägliche Auswurf von wissenschaftlicher Literatur weltweit beläuft sich auf etwa 17000, was einer jährlichen Anzahl von sechs Millionen Veröffentlichungen entspricht. Die Quantität des verfügbaren Wissens verdoppelt sich alle fünf Jahre, alle fünf Minuten erfolgt die Entdeckung einer medizinischen Erkenntnis und jede Minute wird eine neue chemische Formel entdeckt.[210]

Je innovationsfreudiger wir sind oder uns geben, desto nachhaltiger müssen wir auch das beiseite räumen, was neuerungsabhängig veraltet und liegen bleibt. Der Prozess der dauernden schöpferischen Zerstörung und Dekonstruktion führt somit zum Problem der Obsolenz, dem Altern von Technologien, der Produktion von Abfall und seiner – wie auch immer gearteten – Entsorgung. Demzufolge sind fortschrittliche Systeme müllreiche Systeme; Fortschrittsgesinnung ist Wegwerfgesinnung.[211] Am Abfallproblem wird deutlich, dass in jeder Gesellschaft die relativen Geschwindigkeiten, in denen Innovation, Wiederholung und Vernichtung geschehen, gegeneinander ausbalanciert werden müssen. Je höher die Innovationsrate in der Gegenwart ist, d.h. der zeitliche Abstand, innerhalb derer die eine Produktgeneration die andere ablöst, umso mehr Abfall ist im materiellen und metaphorischen Sinn zu erwarten. Gleichzeitig werden mehr Probleme mit der Abfallbeseitigung zu lösen sein. Da immer mehr Neues produziert wird, erscheint das Alte als zu viel und störend. Wenn wir nun von Dingen oder Gegenständen als Abfall reden, sprechen wir von den Bewertungen der Dinge. Es werden bestimmte Anschauungen an die Dinge bzw. Gegenstände herangetragen und so eine ihnen gegenüber bestimmte Verhaltensweise entwickelt. Dergestalt lassen sich nach Bardmann drei soziale Kategorien unterscheiden:[212] Die wertvollen, die wertlosen und die negativ bewerteten Gegenstände. Diese Wertgesichtspunkte korrespondieren mit unterschiedlichen Verhaltenserwartungen gegenüber den Dingen. Die negativ bewerteten Gegenstände werden gemieden, es wird versucht sie loszuwerden. Umgekehrt verhält es sich in Bezug auf die wertvollen Dinge. Man bemüht sich, sie in seinen Besitz zu bringen, sie zu erhalten, zu pflegen und zu schützen. Wer sich den Besitz wertvoller Dinge leisten kann, darf stolz auf sie sein, sie der Öffentlichkeit vorzeigen. Negativ bewertete Gegenstände bergen die Gefahr, dass die Personen, die mit ihnen zu tun haben, in die negative Bewertung des Gegenstandes hineingeraten, selbst negativ bewertet werden. Zwischen diesen beiden Kategorien rangiert die Kategorie des Wertlosen. Sie bezeichnet das menschliche Verhalten gegenüber bezeichneten Objekten, das nicht eindeutig festgelegt ist. Es gibt keine richtige Umgangsweise mit ihnen, die uns von der herrschenden Kultur vorgegeben wird. Die Einteilung der Dinge, immaterieller oder materieller Art, in diese drei Kategorien ist eine rein kulturelle und soziale Leistung.[213]

> „Abfall ist eine *soziale bzw. kulturelle Kategorie*, die Objekte relativ unabhängig von ihren intrinsischen Eigenschaften bezeichnet. Die Bezeichnung eines Objekts als Abfall repräsentiert also nicht dessen ‚Wesen', sondern vielmehr das pragmatische Verhältnis, das der Bezeichnende zu seinem Objekt einnimmt."[214]

In rein materieller Hinsicht zeigt sich dies beispielsweise daran, dass in unserer Gesellschaft gesammelte ausrangierte, wertlose Kleidungsstücke oder Computer in Drittwelt-Ländern eine wesentlich höhere Werteinschätzung genießen als bei uns und der Export von Müll einen eigenständiger Sektor im Außenhandel darstellt.

In unseren westlichen Fortschrittsgesellschaften wird auch deshalb soviel Abfall und Müll produziert, weil in unserer Anschauungsweise das Neue mit dem Wahren und Richtigen gleichgesetzt wird. So verliert jedes Gestern in Bezug zur Zukunft an Wert und an Dauer, seine produzierten Techniken und Ideologien werden immer öfter zu Müll und Altlasten. Besonders auf den Gebieten, wo neueste Informationen gehandelt werden, ist es notwendig, dass man sich von der rasch wachsenden Menge veralteter und somit normalerweise nicht mehr nachgefragter Informationen befreien muss. Aber der Abfall ist zudem auch die Infragestellung der aktuellen Werteordnung. Der Abfall ist die immanente Provokation in einem Zustand, von dem es sich zu entfernen gilt. Hierdurch wird die Innovationsdynamik angestoßen und beschleunigt, und die Zyklen für die Produktion von Neuem verkürzen sich. In den Vorgängen der technisch-ökonomischen Art ist diese Dynamisierung unserer Lebenswelt besonders deutlich; diese findet jedoch zweifellos nicht nur auf technischer Ebene statt. Allein die Nebenfolgen der Abläufe auf dieser Ebene dringen tief verändernd in unsere Lebenspraxis ein. In der beruflichen Praxis steigen die Mobilitätsansprüche, im privaten wie im beruflichen Alltag haben Fort- und Weiterbildung einen festen Platz eingenommen. Immer auf dem neuesten und letzten Stand zu sein, sich permanent zu „updaten", nicht von gestern zu sein, ob in beruflicher, politischer oder privater Hinsicht ist der modus operandi geworden, um sich überhaupt noch Gehör schaffen zu können. Dergestalt ist auch der Begriff des lebenslangen Lernens zu einem dauernden Schlagwort der Bildungspolitik geworden.[215] Lebenslanges Lernen war zwar schon immer ein humanistisches Bildungsideal, dieses tritt aber nun für eine arbeitsmarktpolitische Bildungsplanung in den Hintergrund. Horst Siebert spricht in diesem Zusammenhang von der Verberuflichung der Erwachsenenbildung.[216]

Aber nicht nur diese inhaltliche Änderung in der Bildungspolitik hat sich vollzogen, sondern auch eine strukturelle. Hierauf weist Geißler hin.[217] Diese Änderung bezieht sich auf den Prozess der Bildung als solche. Die Überlappung der Bildungs- und Erziehungszeit durch die ökonomisch-industrielle Zeit bleibt nicht folgenlos. Bildung ist ein langsamer Prozess, und die Beschleunigung von Bildungsprozessen bringt nicht zwingend ein Mehr an Erkenntnissen. Eine der Vorraussetzungen von Bildungsprozessen ist eine im weitesten Sinne grundsätzliche Akzeptanz des Menschen in Bezug zum Bildungs- und Lerninhalt. Auf eine rein lineare Zweck-Mittel-Beziehung, wie wir sie gerade im Hinblick auf Zeitquanten in betrieblichen Abläufen entdecken, kann man einen qualitativ hochwertigen Bildungsprozess nicht aufbauen. Dieser Prozess unterliegt dem menschlichen Lebensrhythmus, der rhythmischen Sequenz äußerer und innerer Naturprozesse. Davon losgelöst kann er nicht adäquat organisiert werden:

> „Die individuelle Selbständigkeit, das Besondere des Individuums und seine Entwicklung und Förderung durch Erziehung muß die

> Eingebundenheit des Menschen in Natur als zentrales Lebensmoment grundsätzlich akzeptieren, ja muß von ihr ausgehen. Dies schließt ein nur instrumentelles Verhältnis zur inneren und äußeren Natur, wie es das lineare Zeitmodell grundlegt, generell aus."[218]

Bildungszeit ist damit qualitative Zeit, in der es nicht darauf ankommt, Zeit zu gewinnen, sondern gerade umgekehrt sich Zeit zu lassen. Qualitative Zeit kennt in dieser Sicht nicht den Begriff des linearen Fortschritts und der ihr inhärenten Beschleunigung. Bildungsprozesse und -ergebnisse sind dergestalt nicht unter dem Diktat der herkömmlichen Zeitvorstellung kalkulierbar. Daher ist die Formulierung von starren und faktischen Bildungszielen ungeeignet, da sie den prozessual-offenen Aspekt von Bildung verkennt. Nimmt man diesen ernst, bleibt nicht das Festschreiben von eindeutigen Lernzielen, sondern das Aufstellen von *Spiel- und Bildungsfeldern* und -ebenen, die so dem Aspekt der Entwicklung und der je eigenen Zeitlichkeit von Bildungsprozessen Rechnung trägt. Dem konträr läuft eine auf Zeitmaximierung der Ausbildungsphasen angelegte Bildungsprogrammatik, die sich z.B. in der Verkürzung der Gymnasialzeit auf 8 Jahre, ohne allerdings eine adäquate Auswahl an Kürzungen des Lehrstoffes zu erarbeiten. Letztlich verbleibt nur ein schnelleres Lernen und die Entstehung von Informationscontainern ohne Bildung.

> „Bildungsprozesse, und wenn ich das hier sage, dann komme ich mir vor, als trüge ich Eulen nach Bielefeld, sind grundsätzlich nicht planbar und auch nicht kalkulierbar. Man kann sie jedoch zulassen und man kann Bedingungen für ihre Realisierung bereitstellen. Bildung ist weder ein geeignetes Übungsgelände für die kalkulatorische Kurzsichtigkeit des Zeitmanagements, noch eines für die Verwertungspropagandisten postmoderner Wissensarbeiter. [...] Der aus den Managementetagen wohlbekannte Typus des rundum flexiblen Zeitmaximierers wird zum mehr oder weniger stillen Ideal bildungspolitischer Programmatik. Ihm nutzt ein Bildungssystem, in dem die Pausenkultur, wie sie im bürgerlichen Sonntag derzeit noch gesellschaftlich fundiert ist, als überflüssiges Ödland für die anzustrebende zeitökonomische Bewirtschaftung aller Bildungslandschaften betrachtet wird."[219]

Die Dynamisierung und Linearisierung unserer Lebenswelt und die Verkürzung von Produktionszyklen hat zu einer permanenten Destruktion von Wissen geführt. Alternde und veraltete Technologien und Ideologien werden allerdings nicht Abfall in dem Sinne, dass sie entsorgt bzw. vernichtet werden, sie verschwinden nicht ganz und werden durch Neues auch nicht vollständig ersetzt; es tritt vielmehr eine Agglomeration in Form einer kulturellen Informations- und Wissensakkumulation ein. Allgemein kann man sagen, dass mit der wachsenden Informationsdynamik sich die Chancen unserer Zivilisation, ein adäquates historisches Bewusstsein auszubilden eher verschlechtern, da die Menge der anfallenden Kommunikationsrelikte schneller wächst als unsere individuellen und institutionellen Kapazitäten der Speicherung und der forschungspraktischen Verarbeitung. Dabei unterscheiden sich kulturelle und naturale Evolution von Informationsspeicherung nicht viel in ihrer Struktur, sondern vielmehr durch die Art des Informationstransfers. Dieser Transfer geschieht in der biologischen Evolution genetisch, hingegen in der kulturellen Evolution sprachlich-symbolisch. Gerade dieser sprachlich-symbolische Modus ist die entscheidende Bedingung für die gegenüber der biologischen Evolution so äußerst gesteigerte Geschwindigkeit der kulturellen evolutionären Abläufe.[220]
Auch der Versuch, durch den Ausbau der Speicherkapazitäten dem Informationszuwachs zu folgen, nützt uns insofern nicht, wenn wir unsicher in Bezug auf die Auswahl werden, die wir treffen müssen, um ein enormes Ausmaß an Informationen durch die begrenzte Aufnahmekapazität des menschlichen Bewusstseins zu führen. Der Mensch steht vor einer unüberschaubaren Anzahl von Entscheidungsmöglichkeiten, die ihn oftmals überfordern; so muss er letztlich, um entscheiden zu können, so gut als möglich, sämtliche individuellen Lebensbereiche reflektieren und problematisieren. Hier spürt der Mensch den Zwang zur Freiheit, der oft mit einem Zwang zur Bildung einher geht. Eine Folge dieses Prozesses ist, dass unsere Zukunftsunsicherheit zugenommen hat. Gerade die Pluralität von Lebensentwürfen, Lebensläufen und die Vielfalt von Werten, die im Zeitalter der Postmoderne auf die Menschen einströmen, bieten zwar eine Kontingenz von Optionen, verunsichern aber gleichzeitig auch. So war die Unsicherheit darüber, wie die Welt, in der wir selbst im Alter oder unsere Kinder und Kindeskinder leben werden, aussehen könnte, nie größer als heute.

> „Bisherige Handlungs- und Deutungsmuster, mit denen der Alltag bewältigt wurde, verlieren dabei ihre Stabilitäts- und Gewißheits-

> funktion und können, wenn sie nicht an die veränderten Bedingungen angepaßt werden, zu krisenhaften Lebenslagen führen."[221]

Im Sinne des Soziologen Alfred Schütz' kann zunächst jedes Handeln als eine auf Zukünftiges gerichtete spontane Aktivität bezeichnet werden. Schütz verdeutlicht in Anlehnung an Edmund Husserl, dass sich das Denken und Handeln grundsätzlich auf die Grundlage zweier Idealisierungen vollzieht:

1. Der Idealisierung des „Ich kann immer wieder", d.h. die Annahme, dass Erfahrungen die sich bis jetzt als gültig erwiesen haben, auch weiterhin Gültigkeit haben werden.
2. Der Idealisierung des „Und so weiter", d.h., dass ich das, was ich bisher in dieser Welt vollbringen konnte, in Zukunft immer wieder vollbringen kann.

Diese Idealisierungen gelten im Alltag als natürliche Einstellung, als fraglos gegeben. Sie sind fundamental für das Leben in der Welt. Wenn man jedes mal nach einer Handlung Zweifel darüber hätte, dass man die gleiche Handlung beim nächsten Mal nicht in dieser Art und Weise vollbringen kann, wären Erfahrungen sinnlos, bisher gemachte Erfahrungen könnte man sich nicht zu nutze machen.[222] Setzen jetzt Krisen soziale Normalität aus, verlieren Vorannahmen ihre fraglos gegebene Gültigkeit. Zukünftiges kann nicht mehr grundsätzlich aus dem Gegenwärtigen extrapoliert werden, und die Annahme der Fortsetzungs- oder Wiederholungsmöglichkeit bekannter Handlungen wird prekär. In der Konsequenz folgt daraus, dass der Handelnde in der Krise gezwungen ist, kurzfristig zu disponieren, Pläne zu stornieren und sich zur ihm umgebenden Welt okkasional zu verhalten. Zeit erscheint unter diesen Bedingungen vielmehr als gedehnte Gegenwart, der jeder Horizont fehlt. Folglich zerstören solche Krisen erwartbare Zukunft.[223] Mit dem Impetus dieser zivilisatorischen Entwicklung wächst die Anzahl der Vorgänge, die unsere Lebenssituation strukturell verändern, pro Zeiteinheit an; komplementär hierzu nimmt dann die Berechenbarkeit der strukturellen Verfassung unserer künftigen Lebenssituation ab.

> „Zukunftsgewißheitsschwund gehört insofern konstitutiv zum Zivilisationsprozeß. [...] Das Ungewisse rückt näher. Das macht betroffen auch dann, wenn unsere Erwartungen grundsätzlich freudiger Natur sind."[224]

So ist die moderne Zeiterfahrung als Beschleunigungserfahrung zum Hauptthema unserer zivilisatorischen Besorgnis geworden.

VI. Rastlose Zeiten

Die vorliegende Untersuchung hat zunächst verdeutlicht, wie die Entwicklung eines linearen Zeitbewusstseins in der abendländischen Geschichte aufkeimte und sich entfaltete und sich auf dieser Grundlage nach und nach ein Gefühl der Beschleunigung in den Köpfen der Menschen entwickelt hat. Die Rastlosigkeit, die mit der Vorstellung eines linearen Zeitbewusstseins einher geht, hat ihren Ursprung in dem Umstand, dass sich ein solches Zeitbewusstsein an einer fortlaufenden und fortschreitenden Linie orientiert auf der jeder zukünftige Zeitpunkt einen höheren Stellenwert einnimmt als der momentan gegenwärtige Zeitpunkt. Der Prozess, der zu einer solchen Bewertung führte, vollzog sich über mehrere Jahrhunderte. Man kann sicherlich nicht einen eindeutigen Anfangspunkt dieses Fortgangs ausmachen, dennoch lässt sich eine deutliche Dynamisierung von der Renaissance bis heute erkennen. Es dauerte 600 Jahre, Europas vornehmlich zyklische Zeitorientierung umzuwälzen, in denen unterschiedliche Impulsgeber und Entwicklungsströmungen ihren Teil dazu beitrugen, eine lineare Vorstellung von Zeit zu etablieren. Dies taten sie allerdings nicht in monokausaler Art und Weise, sondern in einem heterogenen und sich wechselseitig beeinflussenden gesamtgesellschaftlichen Prozess, der freilich immer auch Gegenbewegungen hierzu hervorbrachte. So wandten sich über Rousseau, der Romantik und Bergson immer auch Menschen und gesellschaftliche Strömungen gegen eine Vormachtstellung und Dominanz eines linearen Zeitverständnisses und damit einhergehend gegen einen zu rationalistischen Umgang mit Zeit. Gerade die zunehmende Ökonomisierung und Rationalisierung aller Lebensbereiche, deren Anfänge unter anderem in der, vom Spätmittelalter ausgehenden, anwachsenden Differenzierung der Gesellschaftsordnung liegen, begünstigten einerseits die Entwicklung eines linearen Zeitbewusstseins, waren andererseits aber auch ein Kind desselben. Besonders die Verquickung unterschiedlicher gesellschaftlicher Ebenen wie das Aufkommen und die Verbreitung der protestantischen Ethik, der Aufschwung der Naturwissenschaften und das dadurch unterstützte Voranschreiten einer sachlichen Ökonomie stehen für diese Entwicklung. Die Kontrolle und Verfügbarmachung der Natur durch den Menschen, das große Ziel der neuzeitlichen Wissenschaft, beinhaltete stets die Kontrolle über die zeitliche Beschaffenheit von Dingen und Prozessen. Die Verschnellerung war deshalb immer auch Ausdruck der Ambition der Menschen, Herr über die Zeit zu sein. Im Zeitalter der industriellen Revolution wurde dann die Maschine zum Träger der natürlichen Zeit. Sie wurde zum Regulator für die soziale Zeitordnung der Menschen, die sich nach ihrem Takt zu richten hatten. Gerade im sozialen Chaos der industriellen Revolution wurden Wissenschaft und Technik zu einer Autorität und Ordnungsmacht. Sie verdrängten die Religion als zeitsetzende Instanz und höchste Autorität in der Bestimmung der Zeit. Hier radikalisierte sich die Beschleunigung in Form der alles dynamisierenden Bewegung, die vor nichts haltzumachen schien:

> „Im ‚tourbillon social', der mit der industriellen Revolution losbrach und die Menschen aus ihren unzähligen kleinen Welten, aus den Kleinstädten und Dörfern mit in sich geschlossenen Sozialstrukturen und Existenzformen herausriß und in ihnen die unersättliche Begierde nach Wachstum entzündete, wo alles, wie Marx schrieb, ‚mit seinem Widerspruch schwanger war', wurde die Beschleunigung zur alles andere überschattenden, prägenden Erfahrung der Modernisierung."[225]

Dieser Prozess der Bildung eines linearen Zeitbewusstseins wurde im III. Kapitel der Arbeit dargestellt. Hintergrund dieser Fokussierung war die Grundüberzeugung, dass das jeweilige Zeitbewusstsein einer Gesellschaft ein fundamentales Interpretationsmuster und Organisationsprinzip für das Handeln und Denken der Gesellschaftsmitglieder ist. In dem Maße wie sich ein rationalistisches Zeitverständnis auf alle Lebensbereiche ausbreitete, erhielt es Einzug in den gesellschaftlichen Wissensvorrat. Das Zeitbewusstsein einer Gesellschaft ist im Wissensvorrat einer Gesellschaft angesiedelt und wird gewohnheitsmäßig an andere Gesellschaftsmitglieder weitervermittelt. Nach und nach werden solche gesellschaftlichen Zeitmuster von den Individuen einer Gesellschaft internalisiert und werden so zu subjektiven zeitlichen Grundstrukturen, die das Handeln des einzelnen Menschen gemäß den Anforderungen typischen gesellschaftlichen Handelns lenken. Es dient somit einerseits der Interpretation von Abläufen und Ereignissen, andererseits der Handlungsorientierung im Sinne der Verwendung des zur Verfügung stehenden Zeitvorrats für Zwecke und Ziele. In einem generationsübergreifenden Prozess wurde das lineare Zeitbewusstsein so die dominierende Vorstellung von Zeit.

Mit dem Aufkommen der Massenmedien erfuhr diese Entwicklung eine signifikante Dynamisierung und zwar auf zwei idealtypisch unterschiedlichen Ebenen: der inhaltlichen und der strukturellen. Die strukturelle Ebene bezieht sich zunächst auf die zunehmende Geschwindigkeit mit der im Laufe der Geschichte Nachrichten oder Informationen übermittelt wurden. Vom Postkutschentransport über die Telegraphie bis hin zum Fernsehen oder Internet bieten die Massenmedien heute die Möglichkeit, räumlich und zeitlich weit entfernte Ereignisse annähernd gleichzeitig dem Medienrezipienten zu übersenden. Der Mensch erfährt diese Weitung und Schrumpfung von Raum und Zeit als Verdichtung der Gegenwartszeit. Diese simulierte Gleichzeitigkeit führt zu einem Zeitbewusstsein, das zu einer simulierten Weltzeit drängt, die das örtlich begrenzte Zeitbewusstsein einer Gesellschaft globalisiert. Auch wenn ein gesellschaftliches Zeitbewusstsein aus einer Akkumulation unterschiedlicher Zeitverständnisse gebildet ist, d.h. auch zyklische oder okkasionelle Zeitaspekte eine Rolle spielen, darf dies nicht darüber hinwegtäuschen, dass das lineare Zeitverständnis den zweifellos größten Teil unseres gesellschaftlichen Zeitbewusstseins ausmacht. Gerade durch die Synchronisation zeitlich und räumlich entfernter Abläufe, droht das Gefühl für zeitliche Dauer und räumliche Entfernung zu schwinden. Sekundäre mediale Zeit- und Raumerfahrungen werden zu primären Erfahrungen naturalisiert. Hierdurch vollzieht sich folglich nicht nur eine Entfremdung von natürlichen exogenen Rhythmen, sondern auch eine Differenz zwischen primär-natürlicher und sekundär-medialer Erfahrung in Bezug zur Zuschreibung von Dauer. Auf der inhaltlichen Ebene werden die Massenmedien zu einem sozialen Zeitgeber, die uns den Zeitverlauf des Alltags vor Augen führen, diesen indessen durch ihre Programmstruktur wesentlich mitgestalten.

So, wie die Gesellschaft lineare und zyklische Zeitauffassungen beinhaltet, zeigt beispielsweise auch das Fernsehen, als Materialisation der abstrakt-ökonomischen Zeitrationalität, eine in der Programmstruktur festgehaltene Zyklidität, die eine Orientierung und Routine in Bezug zur Programmgestaltung ermöglicht. An dieser Stelle zeigt sich auch, dass die Trennung einer strukturellen und einer inhaltlichen Ebene im realen Verlauf eines Mediums nicht aufrecht erhalten werden kann. Selbst wenn uns im Idealfall durch das Fernsehen eine Live-Sendung dargeboten wird, ist diese durch die Struktur des Fernsehens verändert. Zunächst einmal ist die Live-Sendung in eine Programmstruktur eingegliedert. Diese Eingliederung geschieht selbst schon nach programmspezifischen Gesichtspunkten, wie beispielsweise der Tageszeit, Werbeeinnahmen, Zielgruppe etc. Nun können spontane, z.B. nachrichtenbezogene, Live-Sendungen diesen Gesichtspunkt etwas abmildern. Aber auch ihnen fehlen wie allen Fernseherfahrungen, grundlegende sinnliche Aspekte wie die Geruchs- oder Berührungsmöglichkeit. Das Primat liegt auf der visuellen Wahrnehmung. Weiterhin werden die Ereignisse auch durch technische Einsatzmöglichkeiten wie Zeitraffer, Stillstand, Schnitttechnik und Kameraführung von ihren chronologischen Punkten getrennt. Demnach berichten Massenmedien nicht, was geschieht, sondern was andere für wichtig und erwähnenswert halten. Sie verfahren hochgradig selektiv und verdichten so Geschehenes zu medialen, d.h. eben nicht zwangsläufig realen, Ereignissen. Die Massenmedien sind folglich ein Instrument der Wirklichkeitskonstruktion und führen aufgrund ihrer Struktur tendenziell zu einer Schwächung des Realitätsbegriffs.

In dem Maße wie die Menschen an der Erfahrungsrealität der Massenmedien teilnehmen, steigt auch der Einfluss der Massenmedien auf das sozial vermittelte, gesellschaftliche Zeitbewusstsein, da sie eine wesentliche Vermittlungsrolle übernehmen. Es lässt sich nunmehr festhalten, dass ein Einfluss der Massenmedien auf unser Zeitbewusstsein, im Sinne einer Dynamisierung unserer Zeiterfahrung, nicht von der Hand zu weisen ist. Relativierend wirkt hingegen der Umstand, dass gesellschaftliche Realität eine Vielzahl von Konstituenten besitzt. Je größer und nachhaltiger jedoch der Einfluss der Massenmedien in Bezug zum zeitliche Umfang ihrer Rezeption wird, desto größer ist dann auch ihr Einfluss auf das Zeitbewusstsein der Menschen und der Gesellschaft. Das Besondere an der massenmedialen Wirkung ist ihre Permanenz im Alltag und weniger die singuläre Potenz einzelner Inhalte. Die Art des Einflusses für die Zukunft ist solcherart nicht leicht zu prognostizieren, da das lineare Zeitbewusstsein durch die Massenmedien eine Abmilderung erfährt, aber gleichzeitig die Massenmedien selbst eine Materialisation desselben sind und ein auf Fortschritt und Aktualität ausgerichtetes Zeitbewusstsein ausdrücken und fördern. Folglich sind Veränderung und Manifestation des gesellschaftlichen Zeitbewusstseins in der Struktur der Massenmedien angelegt. An dieser Stelle ist nochmals zu betonen, dass das gesellschaftliche Zeitbewusstsein aus einer Akkumulation unterschiedlicher Zeitbewusstseine besteht (vgl. oben); in unserer Gesellschaft ist nur der Anteil bzw. der Einfluss des linearen Zeitbewusstseins am Größten. Dennoch kommt ein durch die Massenmedien moduliertes, verändertes Zeitbewusstsein zu dieser Agglomeration hinzu.

Die gegenwärtigen Folgen eines linearen Zeitbewusstseins sind derzeit noch evidenter, bilden sogar den Ausgangspunkt für die nachkommende Entwicklung. Jedes Zeitbewusstsein einer Gesellschaft, zyklisch oder linear, ist ein Deutungsmuster, ein gesellschaftlicher Algorithmus, der einen gewissen Zugang zur Welt impliziert. Dem linearen Zeitbewusstsein liegt die Vorstellung des aktiven Zeithandelns, des Fortschritts und des Kalkulierens mit Zeit zugrunde. Zeit muss in ökonomischer Hinsicht nutzbar gemacht werden, sie wird zu einer ‚Mangelware', mit der sorgsam umgegangen werden muss. Zeitverschwendung wird Geldverschwendung. Aber nicht nur das: Jede Zeit, die nicht in einem rationalen Maße in Bezug zu ihrer Verwendung oder für den Gelderwerb genutzt wird, wird als Verschwendung bezeichnet bzw. empfunden. So gerät der Einzelne in Erklärungsnot, sobald er nicht ordentlich Rechenschaft ablegen kann über seine verwendete Zeit. Weiterhin ist er auch genötigt durch zivilisatorische Errungenschaften gewonnene Zeit, in einem infinitesimalen Sinne zu reinvestieren. Wer rastet, verliert den Anschluss, und wer den Anschluss verliert, wird zum Ballast und Ärgernis für die Gesellschaft. Aus diesem Grund wird die Zeitnot und Rastlosigkeit zum ständigen Begleiter in Gesellschaften mit einem linearen Zeitbewusstsein, in der jeder gezwungen ist, Zeit in einer ökonomischen Verwendungslogik anzuwenden. Nun ist das Zeitbewusstsein eines Individuums zwar wesentlich sozial vermittelt, hat aber grundlegende biologische Determinanten, die biologischen Rhythmen.
Gerade das durch eine ökonomische Zeitverwertung geprägte Dasein, die damit verbundene Geradlinigkeit, kennt keine biorhythmische Kurve und geht mit einer Enteignung menschlicher Arbeits- und Lebensrhythmen einher, die schwerwiegende Folgen für die biologische Konstitution der Menschen hat. Chronobiologische Untersuchungen haben deutlich belegt wie diffizil unser Organismus biozeitlichen Regularien unterliegt. Am Beispiel der Nacht- und Schichtarbeit hat sich gezeigt, in welcher Art und Weise die Entrhythmisierung, d.h. das Leugnen bzw. die Nichtbeachtung biozeitlicher Regularien, zu unterschiedlichen individuellen und gesellschaftlichen Gefahren und Problemen führt. Nacht- und Schichtarbeiter sind nicht nur ihrer biologischen Rhythmik enteignet, was zu einem höheren Gesundheitsrisiko in Bezug zu einer ganzen Reihe von Krankheiten führt, sondern stoßen vor allem und gerade in Bezug zu allgemeinen gesellschaftlichen Zeitstrukturen auf Hindernisse, z.B. bei der Vereinsarbeit, Übernahme von Ehrenämtern oder bei allen auf Regelmäßigkeit aufbauenden Sozialkontakten. Nun ist es hier erneut der ökonomische Relevanzrahmen in der Gesellschaft, der einer

gesundheitsbezogenen Intervention, d.h. einer gesundheitsfreundlicheren Arbeitsorganisation, im Wege steht. Ähnliche Probleme findet man überall dort, wo lebende oder ökologische Systeme in solch einfach-kausalen Zusammenhängen verstanden werden wie sich anhand der ökonomischen Nutzung natürlicher Ressourcen und den damit verbundenen Problemen leicht nachvollziehen lässt. Das auf Fortschritt zielende lineare Zeitbewusstsein produziert in seiner Anwendung Unmengen von Müll; es führt zum Prozess der fortlaufenden schöpferischen Zerstörung, materiell wie immateriell. Die Produktion von Neuem wird zum Selbstzweck, das Alte ist allein schon deshalb wertlos, weil es der Vergangenheit entspringt, weil es schon einmal da gewesen ist. Hierin liegt auch ein Grund, warum die Gegenwart von einer Zukunftsunsicherheit geprägt ist. Aus dem Vergangenen kann nicht mehr ohne weiteres auf die Zukunft geschlossen werden; Vorhersagen, egal ob privater, ökonomischer oder beruflicher Art, werden immer schwieriger zu fällen, je weiter sie in die Zukunft reichen. Hinzu kommt in der heutigen Zeit die Fülle an Möglichkeiten, das eigene Leben zu gestalten, die häufig zu einer weiteren Verunsicherung beitragen. Gerade aufgrund des immer schneller werdenden Wechsels von Technologien, Ideen, Wissen usw. steigen zwar die Entscheidungsmöglichkeiten, diese wiederum überfordern den Einzelnen; aber insofern, dass aufgrund des schnellen Wechsels nicht genug Zeit bleibt, sämtliche individuellen Lebensbereiche zu reflektieren und zu problematisieren. Da man weiterhin, wie oben erwähnt, kaum noch eine Zukunftsprognose stellen kann, erscheinen immer mehr Menschen aufgrund der Fülle an Möglichkeiten und des Mangels an Zukunftsgewissheit wie paralysiert, unfähig überhaupt noch eine zukunftsweisende Entscheidung zu fällen oder sie sind in einer unübersichtlichen Welt zum „Sinnbasteln“[226] verpflichtet. Die Krise unserer Zeiterfahrung führt zu einer Zerstörung erwartbarer Zukunft, sie führt zu einer Orientierungsschwierigkeit.
Aber allmählich passt sich der Mensch auch dieser Situation an und fängt an, die Ungewissheit der Zukunft durch neue (Zeit-)Praktiken auszutarieren. Zeit und Raum werden zunehmend als Möglichkeitsfeld betrachtet und situativ als gestalt- und entwerfbar verstanden. Zeit und Raum sind fluide und je nach „Bedarf“ in der konkreten Situation – die Vergangenheit, Gegenwart und Zukunft vereint –, als schöpferischer Möglichkeitsspielraum verstanden. In diesem Bild ist der Mensch nicht mehr der Unterworfene, das Subjekt, sondern der Gestalter und *Entwerfer*, ein Projekt.
Ungeachtet der Zerstörung von erwartbarer Zukunft und der Fokussierung auf die Gegenwart wird unser Leben unweigerlich eingerahmt von unserem

Wissen der eigenen Vergänglichkeit. Alle Überlegungen über die Zeit führen mehr oder weniger auch zur Vorstellung unseres eigenen Todes. Die Vergänglichkeit des menschlichen Lebens bildet in diesem Sinne eine Grundkonstante in unserem Denken und Handeln. Wir mögen uns ablenken, es ausblenden oder darüber aufregen, dennoch leben wir beständig mit dem Bewusstsein, dass ein Moment kommen wird, in dem es weder Zukunft noch Vergangenheit geben wird.

Literaturverzeichnis

Alheit, Peter, Dausien, Bettina, Flörcken-Erdbrink, Helga (1988): Leben in zwei Welten. Eine Fallstudie über Schichtarbeit. In: Zoll (Hrsg., 1988a

Appel, Helmut (1997): Der physikalische Zeitbegriff im Wandel naturwissenschaftlicher Erkenntnis. In: Ehlert (Hrsg., 1997)

Arnold, Rolf (Hrsg., 1996): Lebendiges Lernen. Schneider-Verlag, Hohengehren

Arnold, Rolf, Schüßler, Ingeborg (1998): Wandel der Lernkulturen. Wissenschaftliche Buchgesellschaft, Darmstadt

Aschoff, Jürgen (1992): Die innere Uhr des Menschen. In: Gumin u.a. (Hrsg., 1992)

Augustinus (1863): Die Bekenntnisse. Aus dem Lateinischen übertragen von Georg Rapp, S.G. Liesching-Verlag, Stuttgart. Aus Hansen, Frank-Peter (1998): Philosophie von Platon bis Nietzsche. Directmedia, Berlin, CD-Rom

Bardmann, Theodor M. (1994): Wenn aus Arbeit Abfall wird. Aufbau und Abbau organisatorischer Realitäten. Suhrkamp-Verlag, Frankfurt/Mai

Bastian, Till (1993): Tödliche Eile. Ein Essay über die neue Religion von Tempo und Beschleunigung. Publik-Forum, Oberursel

Baudrillard, Jean (1994): Die Rückwendung der Geschichte. In: Sandbothe u.a. (Hrsg., 1994)

Beck, Klaus (1994): Medien und die soziale Konstruktion von Zeit. Über die Vermittlung von gesellschaftlicher Zeitordnung und sozialem Zeitbewusstsein. Westdeutscher Verlag, Opladen

Bergelt, Martin, Völckers, Hortensia (Hrsg., 1991): Zeit-Räume. Zeiträume - Raumzeiten - Zeitträume. Carl Hanser-Verlag, München, Wien

Berger, Peter L., Luckmann, Thomas (1980): Die gesellschaftliche Konstruktion der Wirklichkeit. Eine Theorie der Wissenssoziologie. Fischer-Taschenbuch-Verlag, Frankfurt/Main

Bergmann, Werner (1981): Die Zeitstrukturen sozialer Systeme. Eine systemtheoretische Analyse. Verlag Duncker&Humblot, Berlin

Bergson, Henri (1994): Zeit und Freiheit. Europäische Verlagsanstalt, Hamburg

Bieri, Peter (1972): Zeit und Zeiterfahrung. Exposition eines Problembereichs. Suhrkamp-Verlag, Frankfurt/Main

Bidlo, Oliver (2002): Zeitlose Werte? Wertvorstellungen in der Fortschrittsgesellschaft In: Büchergilde Gutenberg (2002)

Bidlo, Oliver D. (2003): Sehnsucht nach Mittelerde? BoD, Norderstedt

Bidlo, Oliver (2006): Martin Buber. Ein vergessener Klassiker der Kommunikationswissenschaft? Dialogphilosophie in kommunikationswissenschaftlicher Perspektive. Tectum Verlag, Marburg

Bidlo, Oliver (2008): Vilém Flusser. Einführung. Oldib Verlag, Essen

bild der wissenschaft, Heft 10/1998, Stuttgart

Bolz, Norbert (1998): Fernsehen als Leid/tmedium. In: Reichertz u.a. (Hrsg., 1998)

Breger, Herbert (1986): Zeitvorstellungen in der frühzeitlichen Naturwissenschaft und der Mathematik. In: Heinemann (Hrsg., 1986a)

Büchergilde Gutenberg (Hrsg., 2002): Sehnsucht nach Sinn. Wertvorstellungen junger Menschen im vereinten Europa. Büchergilde Gutenberg, Frankfurt/Main, Wien

Capra, Fritjof (1999a): Lebensnetz. Ein neues Verständnis der lebendigen Welt. Knaur-Verlag, München

Capra, Fritjof (1999b): Wendezeit. Bausteine für ein neues Weltbild. Knaur-Verlag. Knaur-Verlag, München

Darwin, Charles (1899): Über die Entstehung der Arten durch natürliche Zuchtwahl oder die Erhaltung der begünstigten Rassen im Kampfe um's Dasein. Schweitzerbart'sche Verlagsbuchhandlung, Stuttgart. Aus Hansen, Frank-Peter (1998): Philosophie von Platon bis Nietzsche. Directmedia, Berlin, CD-Rom

Daum, Willy (1988): Musik der Wandlungen - Ein Wandel im Zeitbewusstsein? In: Zoll (Hrsg., 1988a)

Davis, Paul (1997): Die Unsterblichkeit der Zeit. Sonderauflage Scherz-Verlag, Bern, München, Wien

Demandt, Alexander (1986): Technik und Zeit. In: Feig u.a. (Hrsg., 1986)

Dohm van Rossum, Gerhard (1988): Zeit der Kirche-Zeit der Händler-Zeit der Städte. In: Zoll (Hrsg., 1988a)

Dohmen, Günther (1996): Das lebenslange Lernen. Leitlinien einer modernen Bildungspolitik. Hrsg. vom Bundesministerium für Bildung, Wissenschaft, Forschung und Technologie, Bonn

Durkheim, Emile (1994): Die elementaren Formen des religiösen Lebens. Suhrkamp-Verlag, Frankfurt/Main

Durkheim, Emile (1995): Die Regeln der soziologischen Methode. Suhrkamp-Verlag, Frankfurt/Main

Egner, Helga (Hrsg., 1998): Zeit haben. Konzentration in der Beschleinigung. Walter-Verlag, Zürich, Düsseldorf

Ehlert, Trude (Hrsg., 1997): Zeitkonzeptionen, Zeiterfahrung, Zeitmessung. Stationen ihres Wandels vom Mittelalter bis zur Moderne. Verlag Ferdinand Schöningh, Paderborn, München, Wien, Zürich

Elias, Norbert (1988): Über die Zeit. Arbeiten zur Wissenssoziologie II. Suhrkamp-Verlag, Frankfurt/Main

Ewers, Michael (1986): Zeitordnung des Lebendigen. In: Heinemann (Hrsg., 1986a)

Feig, Rudolf, Erlinger, Hans Dieter (1986): Zeit - Zeitlichkeit - Zeiterleben. Blaue Eule Verlag, Essen

Flusser, Vilém (1993): Nachgeschichte. Eine korrigierte Geschichtsschreibung. Bollmann Verlag, Mannheim, Düsseldorf

Flusser, Vilém (1998): Vom Subjekt zum Projekt. Menschwerdung. Hrsg. von Stefan Bollmann und Edith Flusser, Fischer, Frankfurt/Main

Flusser, Vilém (2002): Die Schrift. Hat Schreiben Zukunft? European Photography, Göttingen

Flusser, Vilém (2003): Kommunikologie. Fischer Taschenbuch, Frankfurt/Main

Franz, Marie-Louise von (1970): Zahl und Zeit. Psychologische Überlegungen zu einer Annäherung von Tiefenpsychologie und Physik. Ernst Klett-Verlag, Stuttgart

Fraser, Julius T. (1993): Die Zeit Auf den Spuren eines vertrauten und doch fremden Phänomens. DTV, München

Frisch, Max (1977): Homo faber. Ein Bericht. Suhrkamp-Verlag, Frankfurt/Mai

Fürstenberg, Friedrich, Mörth, Ingo (Hrsg., 1986a): Zeit als Strukturelement von Lebenswelt und Gesellschaft. Trauner-Verlag, Linz

Fürstenberg, Friedrich (1986b): Zeit als Strukturdimension soziologischer Analyse. In: Fürstenberg u.a. (Hrsg., 1986a)

Geißler, Karlheinz A. (1985): Zeit leben. Vom Hasten und Rasten, Arbeiten und Lernen, Leben und Sterben. Beltz-Verlag, Weinheim, Basel

Geißler, Karlheinz A. (1997): Die Orientierung am Rhythmus – Das rechte Zeitmaß in der Zeit der Flexibilisierung. In: Rusterholz u.a. (Hrsg., 1997)

Geißler, Karlheinz A. (2007): Dem Lehren und Lernen Zeit geben. Unter: http://www.projektdidaktik.de/indexdateien/aktuelles/geisslerlul.pdf (15.11.09)

Geißler Karlheinz A. (2008): Zeit – Verweile doch. Lebensformen gegen die Hast. Herder Verlag, Freiburg

Gendolla, Peter (1992): Zeit: Zur Geschichte der Zeiterfahrung; vom Mythos zur Punktzeit. Verlag Dumoux, Köln

Gimmler, Antje, Sandbothe, Mike, Zimmerli, Walther Ch. (Hrsg., 1997a): Die Wiederentdeckung der Zeit. Reflexionen - Analysen - Konzepte. Primus-Verlag, Darmstadt

Gimmler, Antje (1997b): Zeit und Institution. In: Dieslb. u.a. (Hrsg., 1997a)

Goetz, Hans-Werner (1997): Zeitbewusstsein und Zeitkonzeptionen in der hochmittelalterlichen Geschichtsschreibung. In: Ehlert (Hrsg., 1997

Gould, Stephen Jay (1990): Die Entdeckung der Tiefenzeit. Zeitpfeil und Zeitzyklus in der Geschichte unserer Erde. Carl Hanser Verlag, München, Wien

Gräbe, Sylvia (Hrsg., 1992): Alltagszeit - Lebenszeit. Zeitstrukturen im privaten Haushalt. Campus-Verlag, Frankfurt/Main, New York

Großklaus, Götz (1994): Medien-Zeit. In: Sandbothe u.a. (Hrsg., 1994)

Großklaus, Götz (1995): Medien-Zeit - Medien-Raum. Zum Wandel der raumzeitlichen Wahrnehmung in der Moderne. Suhrkamp-Verlag, Frankfurt/Main

Großklaus, Götz: Zeitlichkeit der Medien. In: Ehlert (Hrsg., 1997)

Grün, Anselm (1998): Zeit und Ewigkeit. In: Egner (Hrsg., 1998)

Gumin, Heinz, Meier, Heinrich (Hrsg., 1989): Die Zeit - Dauer und Augenblick. Piper-Verlag, München

Habermas, Jürgen (1969): Technik und Wissenschaft als Ideologie. Suhrkamp-Verlag, Frankfurt/Main

Habermas, Jürgen (1986): Der philosophische Diskurs der Moderne. Suhrkamp-Verlag, Frankfurt/Main

Halbwachs, Maurice (1967): Das kollektive Gedächtnis. Enke-Verlag, Stuttgart

Hammel, Eckhard (Hrsg., 1996): Synthetische Welten. Kunst, Künstlichkeit und Kommunikationsmedien. Verlag Die Blaue Eule, Essen

Hansen, Frank-Peter (1998): Philosophie von Platon bis Nietzsche. Directmedia, Berlin, CD-Rom

Harvey, David (1995): Die Postmoderne und die Vernichtung von Raum und Zeit. In: Kuhlmann (Hrsg., 1995)

Heinemann, Gottfried (Hrsg., 1986a): Zeitbegriffe - Ergebnisse des interdisziplinären Symposiums "Zeitbegriff der Naturwissenschaften, Zeiterfahrung und Zeitbewusstsein" (Kassel 1983). Verlag Karl Alber, Freiburg, München

Heinemann, Gottfried (1986b): Was ist Zeit? In: Derslb. (Hrsg., 1986a)

Heinemann, Hans (1989): Zeitstrukturen in der Psychopathologie. In: Gumin u.a. (Hrsg., 1989)

Hinz, Arnold (2000): Psychologie der Zeit. Umgang mit Zeit, Zeiterleben und Wohlbefinden. Waxmann Verlag, Münster, New York, München, Berlin

Hömberg, Walter, Schmolke, Michael (Hrsg., 1992a): Zeit - Raum - Kommunikation. Ölschläger-Verlag, München

Hömberg, Walter (1992b): Punkt, Kreis, Linie - Die Temporalstrukturen der Massenmedien und die Entdeckung der Zeit in der frühen Zeitungskunde. In: Derslb. u.a. (Hrsg., 1992a)

Hömberg, Walter (1990): Zeit, Zeitung, Zeitbewusstsein. In: Publizistik, 35. Jahrgang 1990

Horn, Christoph (1995): Augustinus. Verlag C.H. Beck, München

Husserl, Edmund (1980): Vorlesungen zur Phänomenologie des inneren Zeitbewusstseins. Niemeyer-Verlag, Tübingen

Husserl, Edmund (1992b): Formale und transzendentale Logik. In: Derslb. (1992a), Band 7

Husserl, Edmund (1992a): Gesammelte Schriften. Hrsg. von Elisabeth Ströker in 8 Bänden, Felix Meiner Verlag, Hamburg

Jahoda, Marie, Lazarsfeld, F.P., Ziesel, H. (1978): Die Arbeitslosen von Marienthal. Ein soziographischer Versuch. Suhrkamp-Verlag, Frankfurt/Main

Kant, Immanuel (1977): Werke in 12 Bänden. Hrsg. von Wilhelm Weischedel, Suhrkamp-Verlag Frankfurt/Main.

Kant, Immanuel (1977): Mutmasslicher Anfang der Menschengeschichte. In: Derslb. (1977)

Karpenstein-Eßbach, Christa (2004): Einführung in die Kulturwissenschaft der Medien. Wilhelm Fink Verlag, Paderborn

Kellner, Hansfried (1969): Vorwort und Einleitung. In: Mead (1969)

Klein, Ètienne (1998): Die Zeit. Ausführungen zum besseren Verständnis. BLT-Lübbe Verlagsgruppe, Bergisch Gladbach

Klein, Gunter (1999): Der Abschied von der "inneren Uhr". Ein Beitrag zur Chronobiologie. Afra-Verlag, Butzbach-Griedel

Kuhlmann, Andreas (Hrsg., 1995): Philosophische Ansichten der Kultur der Moderne. Fischer-Verlag, Frankfurt/Main

Küppers, Günter (Hrsg., 1996): Chaos und Ordnung. Formen der Selbstorganisation in Natur und Gesellschaft. Reclam-Verlag, Stuttgart

LeGoff, Jacques (1987): Für ein anderes Mittelalter - Zeit, Arbeit und Kultur im Europa des 5.-15. Jahrhunderts. Drumlin-Verlag, Weingarten

Levine, Robert (1998): Eine Landkarte der Zeit. Wie Kulturen mit Zeit umgehen. Piper-Verlag, München, Zürich

Lübbe, Hermann (1988): Zeit-Verhältnisse. Zur Kulturphilosophie des Fortschritts. Styria-Verlag, Köln, Graz, Wien

Lübbe, Hermann (1992): Im Zug der Zeit. Verkürzter Aufenthalt in der Gegenwart. Springer-Verlag, Berlin, Heidelberg

Lübbe, Hermann (1994): Zivilisationsdynamik. In: Sandbothe u.a. (Hrsg., 1994)
Luckmann, Thomas (1986): Zeit und Identität: Innere, soziale und historische Zeit. In: Fürstenberg u.a. (Hrsg., 1986
Luhmann, Niklas (1996): Die Realität der Massenmedien. Westdeutscher Verlag, Opladen
Mann, Thomas (1999): Der Zauberberg. Fischer Taschenbuchverlag, Frankfurt/Main
Marquart, Udo (1993): Die Einheit der Zeit bei Aristoteles. Verlag Königshausen&Neumann, Würzburg
McLuhan, Marshall (1968): Die Gutenberg-Galaxis. Das Ende des Buchzeitalters. Econ-Verlag, Düsseldorf, Wien
McLuhan, Marshall (1978): Wohin steuert die Welt? Massenmedien und Gesellschaftsstruktur. Europa-Verlag, München, Wien, Zürich
Mead, George H. (1969): Philosophie der Sozialität. Suhrkamp-Verlag, Frankfurt/Main
Mittelstaedt, Peter (1996): Der Zeitbegriff in der Physik. Physikalische und philosophische Untersuchungen zum Zeitbegriff in der klassischen und relativistischen Physik. Spektrum Akademischer Verlag, Heidelberg, Berlin, Oxford
Mörth, Ingo (1986): Einleitung: Umrisse und Perspektiven der Zeitsoziologie. In: Fürstenberg u.a. (Hrsg., 1986a)
Mongardini, Carlo (1997): Dimensionen der Zeit in der Soziologie. In: Fürstenberg u.a. (Hrsg., 1986a)
Morgenroth, Olaf (2008): Zeit und Handeln. Psychologie der Zeitbewältigung. Verlag W. Kohlhammer, Stuttgart
Müller, Arno (1986): Zentrale Aspekte und philosophische Implikationen des Zeitbegriffs in den Naturwissenschaften. In: Fürstenberg u.a. (Hrsg., 1986a)
Müller, Barbara (1988): Das Zeitregiment der Bandarbeit oder: Das Menschliche ist die Pause. In: Zoll (Hrsg., 1988a)
Müllhölzer, Felix (1983): Der Zeitbegriff in der Speziellen Relativitätstheorie. Peter Lang-Verlag, Frankfurt/Main, Bern
Neckel, Sighard (1988): Die Entzauberung der Zukunft. In: Zoll (Hrsg., 1988a)
Negt, Oskar (1988): Der Kampf um die Arbeitszeit ist ein Kampf um die Lebenszeit. In: Zoll (Hrsg., 1988a)
Neverla, Irene (1992a): Fernsehzeit. Zuschauer zwischen Zeitkalkül und Zeitvertreib. Ölschläger- Verlag, München
Neverla, Irene (1992b): Mediennutzung zwischen Zeitkalkül und Muße. In: Hömberg u.a. (Hrsg., 1992a)
Neverla, Irene (1994): Zeitrationalität der Fernsehnutzung als Zwang und Emanzipation. In: Sandbothe u.a. (Hrsg., 1994)
Nietzsche, Friedrich (1954): Die fröhliche Wissenchaft. Werke in drei Bänden. Hanser-Verlag, München. Auf Hansen, Frank-Peter (1998): Philosophie von Platon bis Nietzsche. Directmedia, Berlin, CD-Rom
Nowotny, Helga (1989): Eigenzeit. Entstehung und Strukturierung eines Zeitgefühls. Suhrkamp-Verlag, Frankfurt/Main
Nowotny, Helga (1992): Kommunikation, Zeit, Öffentlichkeit. In: Hömberg u.a. (Hrsg., 1992a)

Nowotny, Helga (1994): Das Sichtbare und das Unsichtbare: Die Zeitdimension in den Medien. In: Sandbothe u.a. (Hrsg., 1994)

Olbricht, Ingrid (1998): Zeit vergeht - Zeit kommt immer wieder. In: Egner (Hrsg., 1998)

Pascal, Blaise (1840): Gedanken über die Religion. Auf Hansen, Frank-Peter (1998): Philosophie von Platon bis Nietzsche. Directmedia, Berlin, CD-Rom

Pestalozzi, Johann Heinrich (1993): Lienhard und Gertrud.Klinkhardt-Verlag, Bad Heilbrunn/Obb.

Piaget, Jean (1955): Die Bildung des Zeitbegriffs beim Kinde. Rascher-Verlag, Zürich

Prigogine, Ilya (1997) : Zeit, Chaos und Naturgesetze. In: Gimmler u.a. (Hrsg., 1997a)

Publizistik - Vierteljahreshefte für Kommunikationsforschung. 35. Jahrgang 1990. Universitätsverlag Konstanz, Konstanz

Rapsch, Volker (Hrsg.) (1990): Über Flusser. Die Festschrift zum 70. von Vilém Flusser. Bollmann, Düsseldorf

Reichertz, Jo, Unterberg, Thomas (Hrsg., 1998): Tele-Kulturen. Fernsehen und Gesellschaft. Media-Lectures in der Ausstellung „Der Traum vom Sehen". Edition Triad, Berlin

Reiner, Hartmund, Volkholz, Volker (1981): Ökonomische Probleme der Schichtarbeit. Forschungsbericht, Der Bundesminster für Arbeit und Sozialordnung, Bonn

Rifkin, Jeremy (1988): Uhrwerk Universum. Die Zeit als Grundkonflikt des Menschen. Kindler-Verlag, München

Rinderspacher, Jürgen P. (1985): Gesellschaft ohne Zeit: individuelle Zeitverwendung und soziale Organisation der Arbeit. Campus-Verlag, Frankfurt/Main, New York

Rinderspacher, Jürgen P. (1992): Zeitstrukturen und private Haushalte im Wandel. In: Gräbe (Hrsg., 1992)

Roenneberg, Till (1992): Ökologie der Zeit - Das Phänomen biologische Uhren. In: Hömberg u.a. (Hrsg., 1992a)

Rolke, Lothar, Wolff, Volker (Hrsg., 1999): Wie die Medien die Wirklichkeit steuern und selber gesteuert werden. Westdeutscher-Verlag, Opladen, Wiesbaden

Rosa, Harmut (2005): Beschleunigung. Die Veränderung der Zeitstrukturen in der Moderne. Suhrkamp, Frankfurt/Main

Rousseau, Jean-Jacques (o.J.): Emile oder Über die Erziehung. Frei aus dem Französischen übersetzt von Hermann Denhardt. Band 1 und 2, Reclam-Verlag, Leipzig. Auf Hansen, Frank-Peter (1998): Philosophie von Platon bis Nietzsche. Directmedia, Berlin, CD-Rom

Rudolph, Enno (1986): Zeit und Gott bei Aristoteles: aus der Perspektive der protestantischen Wirkungsgeschichte. Klett-Cotta-Verlag, Stuttgart

Rusterholz, Peter, Moser, Rupert (Hrsg., 1997): Zeit. Zeitverständnis in Wissenschaft und Lebenswelt. Peter Lang-Verlag, Bern, Berlin, Frankfurt/Main

Sandbothe, Mike, Zimmerli, Walther Ch. (Hrsg., 1994): Zeit - Medien - Wahrnehmung. Wissenschaftliche Buchgesellschaft, Darmstadt

Sandbothe, Mike (1996a): Mediale Temporalitäten im Internet. Zeit- und Medien-

philosophie nach Derrida und Rorty. http://www.uni-jena.de/ms/temporal/index.html
Sandbothe, Mike (1996b): Mediale Zeiten. Zur Veränderung unserer Zeiterfahrung durch die elektronischen Medien. In: Hammel (Hrsg. 1996)
Schäfer, Bernhard (Hrsg., 1995): Grundbegriffe der Soziologie. Leske+Budrich, Opladen
Schenk, Hans Georg (1970): Geist der europäischen Romantik. Ein kulturhistorischer Versuch. Minerva, Frankfurt/Main
Schmahl, Kurt (1988): Industrielle Zeitstruktur und technisierte Lebensweise. In: Zoll (Hrsg., 1988a)
Schmied, Gerhard (1985): Soziale Zeit. Umfang, "Geschwindigkeit" und Evolution. Verlag Dunker&Humblot, Berlin
Schöps, Martina (1980): Zeit und Gesellschaft. Enke-Verlag, Stuttgart
Schulze, Gerhard (1994): Gehen ohne Grund. Eine Skizze zur Kulturgeschichte des Denkens. In: Kuhlmann (Hrsg., 1994)
Schütz, Alfred (1981): Theorie der Lebensformen. Suhrkamp-Verlag, Frankfurt/Main
Schütz, Alfred (1993): Der sinnhafte Aufbau der sozialen Welt. Eine Einleitung in die verstehende Soziologie. Suhrkamp-Verlag, Frankfurt/Main
Schütz, Alfred, Luckmann, Thomas (1994): Strukturen der Lebenswelt. Band 1 und 2, Suhrkamp-Verlag, Frankfurt/Main
Schwendtke, Arnold (1986): Kategoriale Kontextanalyse eines Begriffes von Zeit in der empirischen Soziologie. In: Fürstenberg u.a. (Hrsg., 1986a)
Siebert, Horst (1994): Erwachsenenbildung in der Bundesrepublik Deutschland. In: Tippelt (Hrsg., 1994)
Simmel, Georg (1920): Philosophie des Geldes.Duncker & Humblot, München, Leipzig. Auf Hansen, Frank-Peter (1998): Philosophie von Platon bis Nietzsche. Directmedia, Berlin, CD-Rom
Sinz, Rainer (1980): Chronopsychophysiologie. Chronobiologie und Chronomedizin. Akademie-Verlag, Berlin
Stoepel, Beatrix (1998): Falsche Erinnerungen. In: bild der wissenschaft, Heft 10/1998
Störig, Hans Joachim (1996): Kleine Weltgeschichte der Philosophie. Fischer Taschenbuch-Verlag, Frankfurt/Main
Sulzgruber, Werner (1995): Zeiterfahrung und Zeitordnung vom frühen Mittelalter bis ins 16. Jahrhundert. Verlag Dr. Kovak, Hamburg
Tippelt, Rudolf (Hrsg., 1994): Handbuch Erwachsenenbildung/ Weiterbildung. Leske+Budrich, Opladen
Ulrich, Eberhard (1964): Schicht- und Nachtarbeit im Betrieb. Westdeutscher-Verlag, Köln, Opladen
Unterberg, Thomas (1998): Die Medienwirkforschung als Spiegel gesellschaftlicher Veränderungsprozesse. In: Reichertz u.a. (Hrsg., 1998)
Vatimo, Gianni (1992): Die transparente Gesellschaft. Passagen-Verlag, Wien
Virilio, Paul (1980): Geschwindigkeit und Politik. Merve-Verlag, Bern
Virilio, Paul (1989): Der negative Horizont. Bewegung-Geschwindigkeit-Beschleunigung. Carl Hanser-Verlag, München, Wien

Virilio, Paul (1991): Der echtwahre Augenblick. In: Bergelt u.a. (Hrsg., 1991)
Virilio, Paul (1998): Rasender Stillstand. Fischer-Verlag, Frankfurt/Main
Vogt, Irmgard (1986): Zeiterfahrung und Zeitdisziplin. In: Fürstenberg u.a. (Hrsg., 1986a)
Weber, Max (1991): Die protestantische Ethik I. Eine Aufsatzsammlung. Hrsg. Von Johannes Winckelmann, GTB-Siebenstern-Verlag, Hamburg, Gütersloh
Weis, Josef (1984): Die Zeitontologie des Kirchenlehrers Augustinus nach seinen Bekenntnissen. Verlag Peter Lang, Frankfurt/Main
Weis, Kurt (1997): Zeit der Menschen und Menschen ihrer Zeit: Zeit als soziales Konstrukt. In: Ehlert (Hrsg., 1997)
Weizsäcker, Victor von (1960): Gestalt und Zeit. Vandenhoek und Ruprecht, Göttingen
Welsch, Wolfgang (Hrsg., 1988a): Wege aus der Moderne - Schlüsseltexte der Postmoderne-Diskussion. Acta humanoria, VCH-Verlagsgesellschaft, Weinheim
Welsch, Wolfgang (1988b): Einleitung. In: Derslb. (Hrsg., 1988a)
Wendorff, Rudolf (1980): Zeit und Kultur. Geschichte des Zeitbewußseins in Europa. Westdeutscher-Verlag, Opladen
Wendorff, Rudolf (1988): Der Mensch und die Zeit. Ein Essay. Westdeutscher-Verlag, Opladen
Wilke, Jürgen (1992): Mediennutzung und Zeitgefühl. In: Hömberg u.a. (Hrsg., 1992a)
Willke, Gerhard (1998): Die Zukunft unserer Arbeit. Bundeszentrale für politische Bildung, Bonn
Winterhoff-Spurk, Peter (1989): Fernsehen und Weltwissen. Der Einfluß von Medien auf Zeit-, Raum- und Personenschemata. Westdeutscher-Verlag, Opladen
Zoll, Rainer (Hrsg., 1988a): Zerstörung und Wiederaneignung von Zeit. Suhrkamp-Verlag, Frankfurt/Main
Zoll, Rainer (1988b): Krise der Zeiterfahrung. In: Derslb. (Hrsg., 1988a)
Zoll, Rainer (1988c): Zeiterfahrung und Gesellschaftsform. In: Derslb. (Hrsg., 1988a)

Anmerkungen

[1] Fraser (1993), S. 30
[2] Augustinus (1863): Die Bekenntnisse. Aus dem Lateinischen übertragen von Georg Rapp. S. 397
[3] Vgl. beispielsweise Rinderspacher, Jürgen P. (1985): Gesellschaft ohne Zeit. S. 55, Schöps, Martina (1980): Zeit und Gesellschaft. S. 5 , Schmied, Gerhard (1985): Soziale Zeit. S. 11 oder Mörth, Ingo (1986): Einleitung: Umrisse und Perspektiven der Zeitsoziologie. In Fürstenberg u.a. (Hrsg., 1986a), S. 5
[4] Elias, Norbert (1988): Über die Zeit. S. 1-15
[5] Schäfer, Bernhard (Hrsg., 1995): Grundbegriffe der Soziologie. S. 403
[6] Vgl. Piaget, Jean (1955): Die Bildung des Zeitbegriffs beim Kinde.
[7] Beispiel aus Heinemann, Hans (1989): Zeitstrukturen in der Psychopathologie. In: Gumin u.a. (Hrsg., 1989), S. 69.
[8] Vgl. Hinz, Arnold (2000): Psychologie der Zeit. S. 49 ff.
[9] Ebd. S. 50
[10] Ebd. S. 51
[11] Morgenroth, Olaf (2008): Zeit und Handeln. S. 63
[12] Zum Begriff der Perspektive und dem Prinzip der Sozialität vgl. Mead, George H. (1969): Philosophie der Sozialität. S. 213-324
[13] Kellner, Hansfried (1969): Vorwort und Einleitung. In: Mead (1969), S. 30
[14] Bergson würde hier von der inneren Dauer, der dureé sprechen. Vgl. hierzu Bergson, Henri (1994): Zeit und Freiheit.
[15] Schütz, Alfred, Luckmann, Thomas (1994): Strukturen der Lebenswelt. Band I, S. 75; zum Begriff der inneren Dauer bei Schütz vgl. Schütz, Alfred (1993): Der sinnhafte Aufbau der sozialen Welt. S. 62-122 oder auch Manuskripte aus der Bergson-Periode, Schütz, Alfred (1981): Theorie der Lebensformen. S. 79-104
[16] Vgl. Virilio, Paul (1989): Der negative Horizont. Oder auch derslb. (1998): Rasender Stillstand.
[17] Vgl. Olbricht, Ingrid (1998): Zeit vergeht – Zeit kommt immer wieder. In Egner (Hrsg., 1998), S. 43 und Bidlo, Oliver D.: Zeitlose Werte?, in: Büchergilde Gutenberg (2002), S. 74
[18] Schulze, Gerhard (1994): Gehen ohne Grund. Eine Skizze zur Kulturgeschichte des Denkens. In: Kuhlmann (Hrsg., 1994), S. 92
[19] Zum Begriff der Pluralität in der Postmoderne vgl. Welsch, Wolfgang (1988b): Einleitung. In: Ders. (Hrsg., 1988a), S. 12ff.
[20] Simmel, Georg (1920): Philosophie des Geldes. S. 553
[21] Um Missverständnisse zu vermeiden, liegt hier die Betonung auf *kann* als grundsätzliche Möglichkeit und nicht Notwendigkeit der Entwicklung. Dies lässt sich an einem kurzen Beispiel verdeutlichen: Während die Erfindung der Uhr im Abendland mit zu den Anfängen der kapitalistischen Wirtschaft führte, leitete sie in China nicht eine Entfaltung einer neuen, rationalen Denkweise wie in Europa ein, sondern diente dem Kaiser weiterhin nur als Herrschafts- und Präsentationsinstrument.
[22] Gottfried Heinemann verdeutlicht, dass dem zyklischen und dem linearen Zeitverständnis zwei unterschiedliche Bewegungsbegriffe zugrunde liegen. Dem zyklischen Zeitverständnis unterliegt ein modaler Bewegungsbegriff, während dem linearen Zeitverständnis ein relationaler Zeitbegriff unterliegt. Ausführlicher nachzulesen in Heinemann, Gottfried (1986b): Was Zeit ist? In: Ders. (Hrsg., 1986a), S.27 ff.
[23] Vgl. Wendorff, Rudolf (1988): Der Mensch und die Zeit. S. 7

[24] Beck, Klaus (1994): Medien und die soziale Konstruktion von Zeit. S. 165
[25] Vgl. Schöps (1980), S.117 ff.
[26] Vgl. Großklaus, Götz (1995): Medien-Zeit – Medien-Raum. S. 7
[27] Vgl. z.B. hierfür Karpenstein-Eßbach, Christa (2004): Einführung in die Kulturwissenschaft der Medien. S. 70
[28] Vgl. hierzu z.B. Schütz, Alfred, Luckmann, Thomas (1994), S. 73-124, Berger, Peter L., Luckmann, Thomas (1994): Die gesellschaftliche Konstruktion der Wirklichkeit. S. 21-48 oder Luckmann, Thomas (1986): Zeit und Identität: Innere, soziale und historische Zeit. In: Fürstenberg u.a. (Hrsg., 1986a), S. 135-174
[29] Luckmann, Thomas (1986), S. 156
[30] Oder mit den Worten von Norbert Elias: „Jeder einzelne Mensch, wie groß sein innovatorischer Beitrag auch sein mag, baut auf einem schon vorhandenen Wissensschatz auf und setzt ihn fort. Mit dem Wissen von der Zeit verhält es sich nicht anders." Elias, Norbert (1988), S. XII
[31] Luckmann, Thomas (1986), S. 162-170
[32] Man könnte sie in diesem Zusammenhang als zeitliche Weil-Motive begreifen, die die zeitlich kurzen Um-zu-Motive in einen größeren Lebensplan bzw. -zusammenhang integrieren.
[33] Vgl. ebd. S. 165 ff.
[34] Vgl. Fürstenberg, Friedrich (1986b): Zeit als Strukturdimension soziologischer Analyse. In: Fürstenberg u.a. (Hrsg., 1986a), S. 25
[35] Durkheim, Emile (1994): Die elementaren Formen des religiösen Lebens. S. 29
[36] Durkheim geht sogar so weit, als dass er den Gesellschaften einen eigenen Charakter, ein eigenes Bewusstsein zuschreibt. Er formulierte so eine holistische Auffassung der Gesellschaft. Durkheim wird häufig von Kritikern als ein Vertreter des Soziologismus verstanden, der Soziales nur mit Sozialem erklären will und somit auf die Suche nach beispielsweise psychologischen oder historischen Ursachen für soziale Tatbestände verzichtet und der dem Sozialen in sämtlichen Bereichen menschlichen Zusammenwirkens eine eigenständige Bedeutung als Wirkgröße und als Gegenstand der Wissenschaft zumisst. Vgl. hierzu Durkheim Emile (1995): Die Regeln der soziologischen Methode.
[37] Vgl. Halbwachs, Maurice (1967): Das kollektive Gedächtnis.
[38] Gimmler, Antje (1997b): Zeit und Institution. In: Dieslb. u.a. (Hrsg., 1997a), S. 180 ff.
[39] Vgl. Fürstenberg, Friedrich (1986b), S. 28 ff.
[40] Vogt, Irmgard (1986): Zeiterfahrung und Zeitdisziplin. In: Fürstenberg u.a. (Hrsg., 1986a), S. 213-214
[41] Vgl. ebd. S. 31. Abwandlungen bzw. Niveauunterschiede zu diesem Grundmodell finden sich z.B. bei Schöps (1980), S. 15 oder Rinderspacher (1985), S. 72; eine Synopse zeitsoziologischer Theorieansätze findet sich bei Beck (1994), S. 158
[42] Mongardini, Carlo (1986): Dimensionen der Zeit in der Soziologie. In: Fürstenberg u.a. (Hrsg., 1986a), S. 49-50
[43] Zit. nach Appel, Helmut (1997): Der physikalische Zeitbegriff im Wandel naturwissenschaftlicher Erkenntnis. In: Ehlert (Hrsg., 1997), S.49; zum Begriff der Zeit bei Aristotels vgl. Marquart, Udo (1993): Die Einheit der Zeit bei Aristoteles.
[44] Vgl. hierzu ausführlicher Wendorff, Rudolf (1980): Zeit und Kultur. S. 26 ff.
[45] Zu Augustinus vgl. u.a. Weis, Josef (1984): Die Zeitontologie des Kirchenlehrers Augustinus nach seinen Bekenntnissen. oder Horn, Christoph (1995): Augustinus.
[46] Eine eingehendere Beschreibung des kirchlichen Zeitverständnisses findet sich bei Goetz, Hans-Werner (1997): Zeitbewusstsein und Zeitkonzeptionen in der hochmittelalterlichen Geschichtsschreibung. In: Ehlert (Hrsg., 1997), S. 12-32
[47] Vgl. Sulzgruber, Werner (1995): Zeiterfahrung und Zeitordnung vom frühen Mittelalter bis ins 16. Jahrhundert. S. 11

[48] Vgl. ebd. S. 13
[49] Vgl. Gendolla, Peter (1992): Zeit: Zur Geschichte der Zeiterfahrung. S. 36
[50] Interessant in diesem Zusammenhang: Ein Mediziner machte sich die Mühe, den strukturierten und rhythmisierten Tagesplan der Mönche mit dem Biorhythmus des Menschen zu vergleichen und hat festgestellt, dass der Zeitrhythmus der Mönche damit übereinstimmt. Vgl. Grün, Anselm (1998): Zeit und Ewigkeit. In: Egner (Hrsg., 1998), S.176
[51] Weber, Max (1991): Die protestantische Ethik I. Hrsg. von Johannes Winckelmann, S. 134-135
[52] Wendorff, Rudolf (1980), S. 135-136
[53] Vgl. beispielsweise Dohm van Rossum, Gerhard (1988): Zeit der Kirche – Zeit der Händler – Zeit der Städte. In: Zoll (Hrsg., 1988a), S. 91 ff.
[54] Zit. nach LeGoff, Jacques (1987): Für ein anderes Mittelalter. S. 29
[55] Vgl. Dohm van Rossum, Gerhard (1988), S. 91
[56] Vgl. Wendorff, Rudolf (1980), S. 153 ff.
[57] LeGoff, Jacques (1987): Für ein anderes Mittelalter. S. 38
[58] Zit. nach Wendorff, Rudolf (1980), S. 206
[59] Vgl. Störig, Hans Joachim (1996): Kleine Weltgeschichte der Philosophie. S. 314-319. Heute wissen wir, dass die Zirbeldrüse das Hormon Melatonin produziert, welches bei der Regulation des *circadianen Rhythmus* eine Rolle spielt. Vgl. hierzu auch Kapitel 5.1
[60] Weber, Max (1991): Die protestantische Ethik I. Hrsg. von Johannes Winckelmann.
[61] Ebd. S. 44
[62] Ebd. S.167-168
[63] Vgl. ebd. S. 180-187
[64] Die Zeitökonomie basiert auf dem Vordringen des Prinzips der Kapitalverwertung sowie der hiermit verbundenen Notwendigkeit der Verkürzung von Umschlags- und Umlaufzeiten eines gegebenen Kapitals. Zum Begriff der Zeitökonomie vgl. ausführlicher Rinderspacher, Jürgen P. (1985), S. 23-52
[65] Vgl. hierzu Geißler, Karlheinz A. (1985): Zeit leben. S. 27 oder Wendorff, Rudolf (1988), S. 139
[66] Virilio, Paul (1980): Geschwindigkeit und Politik. S. 116
[67] Pascal, Blaise (1840): Gedanken über die Religion. Aus dem Französischen übersetzt von Karl Adolf Blech. S. 67-68
[68] Zit. nach Mittelstaedt, Peter (1996): Der Zeitbegriff in der Physik. S. 15
[69] Vgl. hierzu Appel, Helmut (1997), S. 52
[70] Zu Prigogine vgl. u.a. Davies, Paul (1997): Die Unsterblichkeit der Zeit. S. 32
[71] So war Leibniz nicht nur ein Zeitgenosse Newtons, sondern erfand unabhängig und zeitgleich mit ihm die Differentialrechnung.
[72] Zu Leibniz Kritik an Newton vgl. Breger, Herbert (1986): Zeitvorstellungen in der frühzeitlichen Naturwissenschaft und der Mathematik. In: Heinemann (Hrsg., 1986a), S. 187 ff.
[73] Die Maschine als Modell des Körpers findet sich bei Descartes und Lamettrie, die Maschine als Vorbild des Staates bei Hobbes, Rousseau und Friedrich dem Großen. Ausführlicher nachzulesen z. B. bei Demandt, Alexander (1986): Technik und Zeit. In: Feig u.a. (Hrsg., 1986), S. 24-28
[74] Gendolla, Peter (1992), S. 42; Um 1770 stellte M. Hahn erstmals in Deutschland Uhren mit Sekundenzeigern her. Vgl. Geißler, Karlheinz A. (1985), S. 20
[75] Vgl. Wendorff, Rudolf (1980), S. 255
[76] Habermas, Jürgen (1986): Der philosophische Diskurs der Moderne. S.16 ff.
[77] Rousseau, Jean-Jacques (o. J.): Emil oder Über die Erziehung. S. 315
[78] Vgl. Vogt, Irmgard (1986), S. 230 ff.

[79] Kant, Immanuel (1977): Mutmasslicher Anfang der Menschengeschichte. In: Derslb. (1977), S. 101
[80] Vgl. Wendorff, Rudolf (1980), S. 321 ff.
[81] Vgl. Gould, Stephen J. (1990): Die Entdeckung der Tiefenzeit. S. 16
[82] Zit. nach Wendorff, Rudolf (1980), S. 333
[83] Vgl. Wendorff, Rudolf (1988), S.19
[84] Benjamin Franklin zit. nach Weber, Max (1991), S. 40
[85] Die kulturelle Bedingtheit und hierdurch die Relativität des Pünktlichkeitsprinzips wird deutlich, wenn man beobachtet, wie in Kulturen der Dritten Welt Pünktlichkeit als Wert noch weitgehend unbekannt ist oder mit größerem Spielraum verstanden wird. Vgl. hierzu Wendorff, Rudolf (1988), S. 123-132
[86] Vgl. Schmied, Gerhard (1985), S. 70
[87] Pestalozzi, Johann Heinrich (1993): Lienhard und Gertrud. S. 204
[88] Vgl. hierzu besonders Zoll, Rainer (1988c): Zeiterfahrung und Gesellschaftsform. In: Derslb. (Hrsg., 1988a), S. 80ff.
[89] Vogt, Irmgard (1986), S. 231
[90] Nietzsche, Friedrich (1954): Die fröhliche Wissenschaft. S. 249
[91] Absatz zur Roamntik aus Bidlo, Oliver D. (2003): Sehnsucht nach Mittelerde? S. 53-54; für das Schachbeispiel vgl. Schenk, Hans Georg (1970): Geist der europäischen Romantik. S. 4
[92] Vgl. Appel, Helmut (1997), S. 53
[93] Vgl. hierzu beispielsweise Davies, Paul (1997), S. 35 ff. oder Mittelstaedt, Peter (1996), S. 23 ff.
[94] Gerade die organische Entwicklung scheint dem 2. Thermodynamischen Hauptsatz zu widersprechen, da der evolutionäre Aufbau zunehmend komplexer Strukturen gerade das Gegenteil von Entropiezunahme bedeutet. Allerdings gilt der 2. Thermodynamische Hauptsatz nur für abgeschlossene Systeme, und da biologische Systeme normalerweise offene Systeme sind, wurde es erforderlich, eine Thermodynamik offener Systeme zu entwerfen, woran gerade Prigogine mit seiner Arbeit einen wichtigen Beitrag leistet. Vgl. hierzu u.a. Ewers, Michael (1986): Zeitordnung des Lebendigen. In: Heinemann (Hrsg., 1986a), S. 241
[95] Vgl. Capra, Fritjof (1999a): Lebensnetz. S. 207-209 und derslb. (1999b): Wendezeit. S. 300 ff.
[96] Vgl. hierzu Müller, Arno (1986): Zentrale Aspekte und philosophische Implikationen des Zeitbegriffs in den Naturwissenschaften. In: Fürstenberg u.a. (Hrsg., 1986a), S. 81 ff.
[97] Wenn von Chaos die Rede ist, meint das im naturwissenschaftlichen Zusammenhang immer das „deterministische Chaos". Vgl. Küppers, Günter (1996): Chaos und Ordnung. Formen der Selbstorganisation in Natur und Gesellschaft.
[98] Vgl. Prigogine, Ilya (1997): Zeit, Chaos und Naturgesetze. In: Gimmler u.a. (Hrsg., 1997a), S. 79-93
[99] Ebd. S. 93
[100] Darwin, Charles (1899): Über die Entstehung der Arten durch natürliche Zuchtwahl oder die Erhaltung der begünstigten Rassen im Kampfe um's Dasein.
[101] Zit. nach Bastian, Till (1993): Tödliche Eile. S. 51
[102] Habermas, Jürgen (1986), S. 75 ff.
[103] Vgl. Wendorff, Rudolf (1980), S. 422. Die Auswirkungen des Wandels des Zeitbewußtseins lassen sich auch in der Musik selbst verfolgen. Die Entwicklung ging weg vom subjektiven Zeitgefühl, hin zur Objektivität des Metronoms, das nunmehr einen gleichen, geeichten Zeittakt vorgab. Vgl. hierzu ausführlicher Daum, Willy (1988): Musik der Wandlungen – Ein Wandel im Zeitbewußtsein? In: Zoll (Hrsg., 1988a), S. 487-505
[104] Habermas, Jürgen (1969): Technik und Wissenschaft als „Ideologie". S. 123
[105] Vgl. hierzu Levine, Robert (1998): Eine Landkarte der Zeit. S. 109-166

[106] Vgl. hierzu auch Rifkin, Jeremy (1988): Uhrwerk Universum. S. 141-157
[107] Vgl. Bergson, Henri (1994): Zeit und Freiheit.
[108] Vgl. Bidlo, Oliver (2006): Martin Buber. Ein vergessener Klassiker der Kommunikationswissenschaft? S. 71-72
[109] Bergson, Henri (1994): Zeit und Freiheit. S. 68;
[110] Die Einsicht in die wahre Natur der Zeit, die Bergson als *Dauer* oder *durée* charakterisiert, liegt auch Dalis Bild der sich verflüssigenden Uhr zugrunde. Die exakten Messgeräte (Uhren), mit denen versucht wird, die Zeit zu bändigen, werden von der *Dauer* eingeholt. Denn ihr organisches Fließen ist nicht messbar, ihre Anschauung bleibt der Intuition vorbehalten. Für den Absatz vgl. Bidlo, Oliver (2006), S. 73
[111] Weis, Kurt (1997): Zeit der Menschen und Menschen ihrer Zeit: Zeit als soziales Konstrukt. In: Ehlert (Hrsg., 1997), S.160-161
[112] Vgl. Berson, Henri (1994), S. 106 ff.
[113] Zur Speziellen Relativitätstheorie vgl. z.B. Mühlhölzer, Felix (1983): Der Zeitbegriff in der Speziellen Relativitätstheorie.
[114] Vgl. hierzu ausführlicher Klein, Étienne (1995): Die Zeit. S.80 ff.
[115] Vgl. Wendorff, Rudolf (1980), S. 495
[116] Vgl. ebd. S. 501
[117] Vgl. Vogt, Irmgard (1986), S. 227
[118] Ausführlicher nachzulesen bei Dohm van Rossum, Gerhard (1988), S. 123
[119] Max Frisch beschreibt und kritisiert in seinem Bericht „Homo faber“ gerade jenen Menschen, die vollkommene Verkörperung der technischen Existenz und das darauf basierende lineare Zeitverständnis. Frisch, Max (1977): Homo faber.
[120] Vgl. Habermas, Jürgen (1986), S. 148
[121] Wenn im Folgenden von Medien gesprochen wird, ist damit ein, nach Kübler und Würzberg, publizistik- oder kommunikationswissenschaftlicher Medienbegriff gemeint, der die sogenannten Massenmedien (Druckmedien, Film, Funk und Fernsehen und auch das Internet) umfasst. Vgl. Winterhoff-Spurk, Peter (1989): Fernsehen und Weltwissen. S. 15
[122] Nowotny, Helga (1994): Das Sichtbare und das Unsichtbare: Die Zeitdimension in den Medien. In: Sandbothe u.a. (Hrsg., 1994), S. 25
[123] Vgl. Nowotny, Helga (1992): Kommunikation, Zeit, Öffentlichkeit. In: Hömberg u.a. (Hrsg., 1992a), S. 18-28
[124] Vgl. Hömberg, Walter (1990): Zeit, Zeitung, Zeitbewußtsein. In: Publizistik, 35. Jahrgang 1990, S. 15
[125] Vgl. Großklaus, Götz (1997): Zeitlichkeit der Medien. In: Ehlert (Hrsg., 1997), S. 5
[126] Vgl. Nowotny, Helga (1989): Eigenzeit. S. 9
[127] Großklaus, Götz (1994): Medien-Zeit. In: Sandbothe u.a. (Hrsg., 1994), S. 36 ff.
[128] Großklaus, Götz (1995): Medien-Zeit - Medien-Raum. S. 21
[129] Virilio, Paul (1989), S. 187
[130] Vgl. Bastian, Till (1993), S. 90
[131] Virilio, Paul (1998), S. 61
[132] Sandbothe, Mike (1996a): Mediale Temporalitäten im Internet. http://www.uni-jena.de/ms/temporal/index.html
[133] Rosa, Harmut (2005): Beschleunigung. S. 13
[134] Zumindest das Fernsehen aufgrund seiner Binnenzeitstruktur hat durch die Möglichkeit des „zappings“, des Hin- und Herspringens von einem zum anderen Kanal, das Mittel diesem Dilemma auszuweichen. Vgl. hierzu genauer Nach Nowotny, Helga (1994), S. 22 ff.
[135] Vgl. beispielsweise hierzu Welsch, Wolfgang (Hrsg., 1988): Wege aus der Moderne. S. 14 ff.
[136] Baudrillard, Jean (1994): Die Rückwendung der Geschichte. In: Sandbothe u.a. (Hrsg., 1994), S. 13

[137] Vgl. Harvey, David (1995): Die Postmoderne und die Verdichtung von Raum und Zeit. In: Kuhlmann (Hrsg., 1995), S. 58
[138] Vgl. Vattimo, Gianni (1992): Die transparente Gesellschaft. S.15-28
[139] Ebd. S. 18
[140] Vgl. McLuhan, Marshall (1978): Wohin steuert die Welt? Massenmedien und Gesellschaftsstruktur. S. 136
[141] Vgl. McLuhan, Marshall (1968): Die Gutenberg-Galaxis. S. 18 ff.
[142] Sandbothe, Mike (1996b): Mediale Zeiten. Zur Veränderung unserer Zeiterfahrung durch die elektronischen Medien. In: Hammel (Hrsg., 1996) S. 146
[143] Winterhoff-Spurk, Peter (1989): Fernsehen und Weltwissen.
[144] Vgl. ebd. S. 72-73
[145] Wilke, Jürgen (1992): Mediennutzung und Zeitgefühl. In: Hömberg u.a. (Hrsg., 1992a) S. 274
[146] Vgl. Neverla, Irene (1992b): Mediennutzung zwischen Zeitkalkül und Muße. In: Hömberg u.a. (Hrsg., 1992a) S. 30-43
[147] Neverla, Irene (1992a): Fernseh-Zeit. S. 8
[148] Vgl. Neverla, Irene (1994): Zeitrationalität der Fernsehnutzung als Zwang und Emanzipation. In: Sandbothe u.a. (Hrsg., 1994) S. 81 ff.
[149] Vgl. Beck, Klaus (1994), 237 ff.
[150] Wilke, Jürgen (1992), S. 260
[151] Luhmann, Niklas (1996): Die Realität der Massenmedien. S. 44
[152] Vgl. Bidlo, Oliver (2008). Vilém Flusser. Einführung. S. 88 ff.
[153] Der folgende Absatz stammt leicht gekürzt aus Bidlo, Oliver (2008). Vilém Flusser. S. 77-80
[154] Flusser, Vilém (2003): Kommunikologie. S. 267.
[155] Flusser, Vilém (2003): Kommunikologie. S. 214.
[156] Flusser, Vilém (2003): Kommunikologie. S. 215.
[157] Flusser, Vilém (2003): Kommunikologie. S. 216.
[158] Flusser, Vilém (2003): Kommunikologie. S. 217.
[159] Aus Bidlo, Oliver (2008), S. 62 ff.
[160] Albrecht, Jörg (1990): Vom Ende der bürgerlichen Kultur. In: Rapsch, Volker (Hrsg.) (1990): Über Flusser. S. 41; allgemein dazu auch Flusser, Vilém (2002): Die Schrift.
[161] Flusser, Vilém (1993): Nachgeschichte. S. 196.
[162] Flusser, Vilém (1998): Vom Subjekt zum Projekt.
[163] Rosa, Harmut (2005), S. 362; Rosa spricht im Zusammenhang mit der situativen Identität auch über die besondere Form des Menschen, der daraus entsteht. Es sind die Drifter und Spieler, aus denen sich die situative Identität entwirft. Interessant ist, dass Rosa an dieser Stelle sehr nahe an Flussers Konzeption ist, ohne auf diesen gestoßen zu sein.
[164] Nach Rolke, Lothar, Wolff, Volker (Hrsg., 1999): Wie die Medien die Wirklichkeit steuern und selber gesteuert werden. S. 11; für den nachfolgenden Absatz auch Bidlo, Oliver (2002), S. 83
[165] Unterberg, Thomas (1998): Die Medienwirkforschung als Spiegel gesellschaftlicher Veränderungsprozesse. In: Reichertz u.a. (Hrsg., 1998), S. 26
[166] Reichertz, Jo, Unterberg, Thomas (Hrsg., 1998): Tele-Kulturen. S. 9-10
[167] Vgl. Rolke, Lothar, Wolff, Volker (Hrsg., 1999), S. 13
[168] Vgl. hierzu Stoepel, Beatrix (1998): Falsche Erinnerungen. In: bild der wissenschaft, Heft 10/1998, S. 65
[169] Nach Nowotny, Helga (1994), S. 17
[170] Vgl. ebd. S. 25
[171] Vgl. Elias, Norbert (1988), S. 69

[172] Virilio, Paul (1991): Der echtwahre Augenblick. In: Bergelt u.a. (Hrsg., 1991), S. 94
[173] Vgl. Großklaus, Götz (1995), S. 39
[174] Ebd. S. 40
[175] Vgl. Hömberg, Walter (1992b): Punkt, Kreis, Linie – Die Temporalstrukturen der Massenmedien und die Entdeckung der Zeit in der frühen Zeitungskunde. In: Hömberg u.a. (Hrsg., 1992a), S. 97
[176] Nach Sandbothe, Mike, Zimmerli, Walter Ch. (Hrsg., 1994), S. XIV und auch Sandbothe, Mike (1996b), S. 133-148
[177] Bolz, Norbert (1998): Fernsehen als Leid/tmedium. In Reichertz u.a. (Hrsg., 1998) S. 43
[178] Nach Sandbothe, Mike (1996a)
[179] Zur Krise der Zeiterfahrung vgl. Zoll, Rainer (1988a): Krise der Zeiterfahrung. In: Ders. (Hrsg., 1988a), S. 9ff.
[180] Vgl. Rinderspacher, Jürgen P. (1985), S. 57 ff. und Rinderspacher, Jürgen P. (1992): Zeitstrukturen und private Haushalte im Wandel. In: Gräbe (Hrsg., 1992), S. 11 ff.
[181] Vgl. Rinderspacher, Jürgen P (1985), 63 ff.
[182] Vgl. Jahoda, Marie u.a. (1978): Die Arbeitslosen von Marienthal.
[183] Vgl. ebd. S. 83-92
[184] Vgl. Schmahl, Kurt (1988): Industrielle Zeitstruktur und technisierte Lebensweise. In: Zoll (Hrsg., 1988), S. 359
[185] Vgl. Levine, Robert (1998)
[186] Vgl. ebd. S. 38 ff.
[187] Vgl. Schmahl, Kurt (1988), S. 350
[188] Vgl. Rinderspacher, Jürgen P. (1992), S. 21-22
[189] Vgl. hierzu beispielsweise Sinz, Rainer (1980): Chronopsychophysiologie. Chronobiologie und Chronomedizin. S. 7
[190] Noch 1986 konstatiert Michael Ewers: „Inzwischen erscheinen jährlich ca. 1000 Veröffentlichungen über Probleme der Biorhythmik, wobei jedoch das Gros nach wie vor einem mechanischen Zeitverständnis verhaftet bleibt.“ Ewers, Michael (1986), S. 243
[191] Vgl. Weizäcker, Victor von (1960): Gestalt und Zeit. S. 11 ff.
[192] Vgl. Aschoff, Jürgen (1992): Die innere Uhr des Menschen. In: Gumin u.a. (Hrsg., 1992), S 134 ff.
[193] Vgl. Roenneberg, Till (1992): Ökologie der Zeit – Das Phänomen biologische Uhren. In: Hömberg u.a. (Hrsg., 1992a), S. 108
[194] Vgl. Aschoff, Jürgen (1992), S. 136-141
[195] Vgl. Roenneberg, Till (1992), S. 115
[196] Vgl. Geißler, Karlheinz A. (1997): Die Orientierung am Rhythmus – Das rechte Zeitmaß in der Zeit der Flexibilisierung. In: Rusterholz u.a. (Hrsg., 1997), S. 133
[197] Vgl. Rinderspacher, Jürgen P (1985), S. 120
[198] Ebd. S. 199 und auch Reiner, Hartmund, Volkholz, Volker (1981): Ökonomische Probleme der Schichtarbeit. S. 28
[199] Vgl. hierzu Alheit, Peter u.a (1988): Leben in zwei Zeiten. Eine Fallstudie über Schichtarbeit. In: Zoll (Hrsg., 1988a), S. 235 und auch Müller, Barbara (1988): Das Zeitregiment der Bandarbeit oder: Das Menschliche ist die Pause. In: Zoll (Hrsg., 1988)a, S. 228
[200] Vgl. Alheit, Peter u.a., S. 239
[201] Negt, Oskar (1988): Der Kampf um die Arbeitszeit ist ein Kampf um die Lebenszeit. In: Zoll (Hrsg., 1988a), S. 538
[202] Vgl. Alheit, Peter u.a., S. 248
[203] Vgl. Willke, Gerhard (1998): Die Zukunft unserer Arbeit. S. 90-91
[204] Vgl. Müller, Barbara (1988), S. 232

[205] Vgl. Ulrich, Eberhard (1964): Schicht- und Nachtarbeit im Betrieb. S. 49 ff. und Rinderspacher, Jürgen P. (1985), S. 201 ff.
[206] Vgl. Geißler, Karlheinz A. (1997), S. 111
[207] Vgl. hierzu und folgend Bidlo, Oliver (2002), S. 74-76
[208] Vgl. beispielsweise Neckel, Sighard (1988): Die Entzauberung der Zukunft. In: Zoll (Hrsg., 1988a) S. 479
[209] Vgl. hierzu Lübbe, Hermann (1994): Zivilisationsdynamik. In: Sandbothe u.a. (Hrsg., 1994), S. 29; Lübbe prägt in diesem Zusammenhang auch den Begriff der Gegenwartsschrumpfung.
[210] Nachzulesen in Arnold, Rolf u.a. (1998): Wandel der Lernkulturen. S. 65
[211] Vgl. Lübbe, Hermann (1983): Zeit-Verhältnisse. S. 12 und Nowotny, Helga (1989), S. 12
[212] Vgl. Bardmann, Theodor M. (1994): Wenn aus Arbeit Abfall wird. S. 180-183
[213] Vgl. Bidlo, Oliver (2002), S. 77 ff.
[214] Ebd. S. 213
[215] Vgl. hierzu figurativ Dohmen, Günther (1996): Das lebenslange Lernen. Leitlinien einer modernen Bildungspolitik.
[216] Vgl. Siebert, Horst (1994): Erwachsenenbildung in der Bundesrepublik Deutschland. In: Tippelt (Hrsg., 1994) S. 76; für diesen Absatz auch Bidlo, Oliver (2002), S. 79
[217] Vgl. Geißler, Karlheinz A. (1985), S. 113-116
[218] Ebd. S. 115
[219] Geißler, Karlheinz A. (2007): Dem Lehren und Lernen Zeit geben. S. 4 und S. 6
[220] Vgl. Lübbe, Hermann (1992): Im Zug der Zeit. S. 15 und S. 23; auch Bidlo, Oliver (2002), S. 81
[221] Kösel, Edmund (1996): Modellierung von Lernwelten. In: Arnold (Hrsg., 1996) S. 90
[222] Für Schütz vgl. Schütz, Alfred, Luckmann, Thomas (1994), S. 29 ff.; für Husserl vgl. Husserl, Edmund (1992b): Formale und transzendentale Logik. In: Derslb. (1992a), S. 195 ff.
[223] Vgl. Neckel, Sighard (1988), S. 467
[224] Lübbe, Hermann (1983), S. 35
[225] Nowotny, Helga (1989), S. 86
[226] Reichertz, Jo, Unterberg, Thomas (Hrsg., 1998), S. 9